职业院校电子商务专业精品系列课程

新媒体营销

（第2版）

主　编　何　牧　翁小云

副主编　江宏潮　黄芳娜　覃　川

编　者　曾君元　兰雪滔　李　倩　何双庆

　　　　伍佳慧　贺素珍　黄　珊

中国财富出版社有限公司

图书在版编目（CIP）数据

新媒体营销 / 何牧，翁小云主编 . —2 版 . —北京：中国财富出版社有限公司，2024. 5

职业院校电子商务专业精品系列课程

ISBN 978 - 7 - 5047 - 8066 - 9

Ⅰ. ①新… Ⅱ. ①何… ②翁… Ⅲ. ①网络营销-高等职业教育-教材 Ⅳ. ①F713. 365. 2

中国国家版本馆 CIP 数据核字（2024）第 025378 号

策划编辑 李彩琴　**责任编辑** 敬 东 张 婷　**版权编辑** 李 洋
责任印制 尚立业　**责任校对** 孙丽丽　**责任发行** 董 倩

出版发行	中国财富出版社有限公司		
社　　址	北京市丰台区南四环西路 188 号 5 区 20 楼	**邮政编码**	100070
电　　话	010 - 52227588 转 2098（发行部）		010 - 52227588 转 321（总编室）
	010 - 52227566（24 小时读者服务）		010 - 52227588 转 305（质检部）
网　　址	http：//www. cfpress. com. cn	**排　　版**	宝蕾元
经　　销	新华书店	**印　　刷**	宝蕾元仁浩（天津）印刷有限公司
书　　号	ISBN 978 - 7 - 5047 - 8066 - 9/F · 3660		
开　　本	787mm×1092mm　1/16	**版　　次**	2024 年 6 月第 2 版
印　　张	11. 5	**印　　次**	2024 年 6 月第 1 次印刷
字　　数	225 千字	**定　　价**	49. 80 元

内容摘要

本书共分八个项目，充分考虑到当下新媒体营销趋势及企业对于新媒体岗位人才需求，由浅入深，以理论与实践相结合的方式展开各部分知识内容的讲解，主要内容包括新媒体营销概述、微信公众号营销、微博营销、H5 的应用、新媒体表单的应用、其他网络新媒体营销方式、常见的自媒体平台营销、新媒体舆情管理。

本书从广西当地具有特色优势的区域性产品出发，通过真实操作与实战，整理出新媒体营销的技巧及步骤。同时，本书侧重实训，帮助学生在学习基础知识之余掌握新媒体营销的操作技能。

本书适合作为中、高职院校市场营销类、电子商务类、商务贸易类等相关专业在校学生的学习教材，也适合企事业单位新媒体营销在职人员阅读参考。

前 言

新媒体相对传统媒体而言，是一种利用数字技术、网络技术、移动技术进行信息传播与分享的新的媒体形态，随着全球信息化不断加强，与之相关的产业制度、政策环境不断稳定，全球新媒体出现了“媒介融合”的新形态。

随着我国经济结构的不断转型优化，新媒体兴起至今，受到了国家政策的大力支持，连接多行业多领域的发展，已经融入我国社会经济和民众生活的各个方面。在“互联网+”发展模式的推动下，新媒体更是传统企业实现转型升级的关键因素。

新媒体营销应运而生，企业纷纷通过微信、微博、搜索引擎等新媒体渠道营销自己的企业和产品。在这种背景下，新媒体营销人才一下子炙手可热。通过对智联招聘网和前程无忧网新媒体人才需求、学历状况调研发现，大多企业愿意选用专科文凭以上的新媒体营销人才。由此可见，新媒体营销人才是多行业共同需求的专业人才，具有很广泛的就业前景。

在此背景下，为满足市场对于新媒体人才的需求，更好地对接企业新媒体人才技能的要求，南宁市第六职业技术学校与北京博导前程信息技术股份有限公司共同联手，采访众多行业新媒体营销达人、企业专家等，从实际操作入手，编写完成《新媒体营销（第 2 版）》教材。

本书区别于传统教材，涵盖目前新媒体主流营销方式及方法，更注重实训内容，通过真实案例操作与实战，能够让学生快速掌握微信公众号和微博营销，H5 和新媒体表单的应用，论坛和问答营销以及常见的自媒体平台营销的操作技能。

编者

2024 年 5 月

目　录

项目一　新媒体营销概述

学习目标

[知识目标]

1. 了解新媒体营销概念；
2. 了解新媒体营销特点；
3. 了解新媒体发展现状与趋势；
4. 掌握网络新媒体营销方式；
5. 熟悉新媒体岗位职责。

[能力目标]

1. 熟悉新媒体的特点，具备正确选择新媒体营销方式的能力；
2. 能够运用网络新媒体营销方式进行营销活动；
3. 具备新媒体营销岗位要求的能力。

[素养目标]

1. 培养学生的新媒体运营思维；
2. 培养学生的互联网敏感度；
3. 培养学生的职业素养。

案例导入

2020年5月，“海尔奖励救人员工一套房”的话题引发热议。事件的起因是2020年5月21日，四川省富顺县富世镇某小区，一位独自在家的女童翻越窗户，不慎被困于6楼窗户外侧，一位路过的维修师傅见义勇为，在没有任何保护措施的情况下爬楼救人，成功解救女童，救人后转身离开。

视频上传后，央视新闻等媒体纷纷转发，称赞维修师傅的英勇行为。随后，海尔通过社交媒体官方账号宣称这位救人者是自家的员工胡云川。事发第二天海尔官宣了后续结果，公司决定授予胡云川“人单合一见义勇为奖”，并奖励价值60万元的房产一套。

Haier 海尔 V

5月27日 22:07 来自 微博 weibo.com 已编辑

#海尔救人小哥哥的房子安排上了吗?# 安排上了！112平方米，全款！

海尔君小秘书来了！！今天下午我厂工作人员陪胡云川小哥哥一起选房，经过比较，小哥哥最终选定一套112平方米的住房，由我厂全款支付！

房产公司得知是“海尔”小哥哥选房，特别给予了较大的价格优惠，折后总价56万余元，还送了价值88888元的海尔家电产品

恭喜小哥哥，云监督的朋友们可以放心啦！

与此同时，海尔提出“企业即人，人是企业最宝贵的资产。我们不希望看到危险的事情发生，但社会有需要时，希望每一位海尔人都能挺身而出”。这则事件体现出海尔具备敏锐的公关意识，并善于迅速作出反应，通过社会事件及新媒体营销方式提升品牌形象，彰显企业关怀。

任务一　新媒体概述

任务前导

随着互联网的飞速发展，新媒体越来越多地受到人们的关注，成为人们议论的热门话题。那么，什么是新媒体？什么又是新媒体营销？新媒体营销的特点有哪些？下面我们将围绕以上问题，展开新媒体营销概述内容的讲解。

任务实施

新媒体是相对于传统媒体而言的，是继报刊、广播、电视等传统媒体以后发展起

来的新型媒体形态，是利用数字技术、网络技术、移动技术，通过互联网、无线通信网、有线网络等渠道以及计算机、手机、数字电视机等终端，向用户提供信息的传播形态和媒体形态，如图 1-1、图 1-2 所示。

图 1-1　传统媒体平台

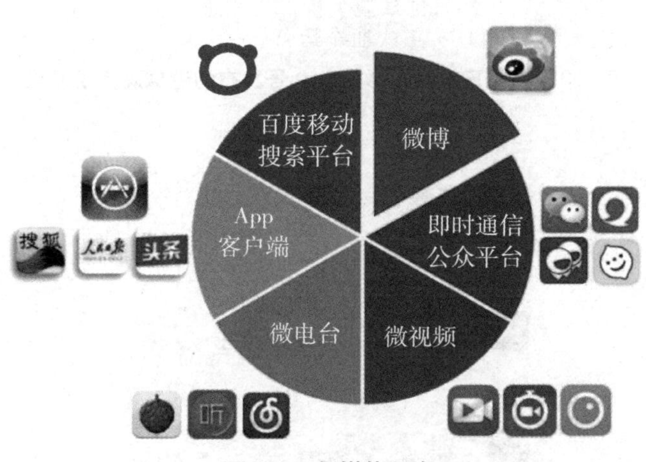

图 1-2　新媒体平台

要充分理解什么是新媒体营销，则需要从以下两个部分展开学习：新媒体营销概念及新媒体营销特点。

一、新媒体营销概念

在互联网尚未普及的时代，我们获取新闻一般是通过阅读报纸、看电视、收听新闻广播等方式，这样获取到的新闻信息相对比较滞后。而在互联网高速发展、大范围普及的时代，我们可通过微博、门户网站、微信、各种 App 等渠道获取新闻，并且新闻一经发生，就能马上知晓。除此之外，我们还可以在新闻资讯后台进行留言互动，发表自己对此次新闻事件的看法，如图 1-3、图 1-4 所示。

今天的C位属于他们！

人民日报 今天

55千米跨海大桥，7千米海底隧道，从设计到建成历时14年，被公认为当今世界最具挑战性的工程！

23日港珠澳大桥正式开通，今天（24日）正式通车运营。

图 1-3 人民日报通过微信公众号发布的港珠澳大桥新闻

图 1-4 新闻后台留言

在互联网时代，每个人不仅是信息的接收者，还可以是信息的发布者，而且获取信息是多渠道的，我们可以根据自己的喜好有选择地关注与了解。以微信公众号为例，如果你是一名资深的汽车爱好者，你既可以关注萝卜报告、汽车洋葱圈等公众号来了解汽车知识，也可以自己创建公众号来发布与汽车相关的见解、经验等。

综合分析，新媒体营销就是指在电子化、信息化及网络化环境下，以现代营销理论作为基础，通过高科技及服务，最大限度地满足用户需求，进而实现开拓市场和盈利目标的营销活动。

二、新媒体营销特点

通过分析新媒体营销的概念，可以将新媒体营销的特点总结为以下四个方面。

1. 多元化

新媒体营销充分发挥了电子信息技术的优势和特点，具有多样化的传播平台和传播形式，文字、图片、音频、视频等都可以作为新媒体营销内容的载体。通过多元化的传播媒介，受众就可以方便快捷地获取丰富的营销信息，然后进一步关注自己所需要的内容。

2. 普及性

近年来，互联网日渐成为人们日常生活中不可缺少的一部分，而新媒体是借助互联网产生的，并迅速进入大众视野，具备很好的普及条件。例如，手机如今已经成为国民上网最主要的载体，并且以其方便、快捷的特点，深入人们日常生活中的方方面面，为新媒体营销提供了良好的发展平台。

3. 互动性

互动性是新媒体营销相较于传统媒体营销方式最主要也是最具优势的特点。新媒体营销允许消费者对信息进行筛选，并且能够帮助消费者进行信息分类，使消费者尽可能地避免时间和精力的浪费，尽快选择出对自己有价值的营销信息。

4. 灵活性

新媒体营销以其丰富的传播途径和多元的营销信息，扩充自身的营销容量，同时也使营销形式变得更加灵活、可控。也可以说，新媒体营销实现了对传统营销模式和营销领域的突破，使营销变得更具有创新性和吸引力，能够最大限度地满足消费者需求。

任务总结

本小节主要讲解了新媒体营销的概念以及新媒体营销的特点，致力于让学生认知和了解新媒体营销相关知识。学习内容较为简单，学生主要以认知和理解为主。

任务评价

<table>
<tr><td colspan="6">任务评价表</td></tr>
<tr><td colspan="2">完成方式</td><td colspan="4">□小组协作完成
□个人独立完成</td></tr>
<tr><td colspan="5">评价点</td><td>分值</td></tr>
<tr><td colspan="5">对新媒体营销概念的认知是否准确</td><td>30</td></tr>
<tr><td colspan="5">是否能够区别新媒体与传统媒体</td><td>30</td></tr>
<tr><td colspan="5">对新媒体营销特点的表述是否全面</td><td>40</td></tr>
<tr><td colspan="6">总成绩：</td></tr>
<tr><td>自我
评价</td><td>（20%）</td><td>小组
评价</td><td>（20%）</td><td>教师
评价</td><td>（60%）</td></tr>
<tr><td colspan="6">存在的主要问题</td></tr>
<tr><td colspan="6"></td></tr>
</table>

任务二　新媒体发展现状与趋势

任务前导

伴随着人工智能、VR（Virtual Reality，虚拟现实）、AR（Augmented Reality，增强现实）等技术的持续进步，新媒体领域呈现出前所未有的巨大变化。面对时代变迁，必须清楚地认识与把握新媒体的现状与发展趋势，才能充分地运用新技术、新应用去创新传播方式，实现信息传递高效、便捷的目标。

任务实施

新媒体发展现状与趋势，需要从以下两个方面展开介绍：新媒体发展现状、新媒体发展趋势。

一、新媒体发展现状

1. 移动用户持续增长，智能终端全面渗透到人们的日常生活

第51次《中国互联网络发展状况统计报告》显示，截至2022年12月，中国手机网民规模达10.67亿，使用手机上网的比例提升至99.8%，移动用户规模持续增长，如图1-5所示。智能手机已全面渗透到人们日常生活各个细分领域。

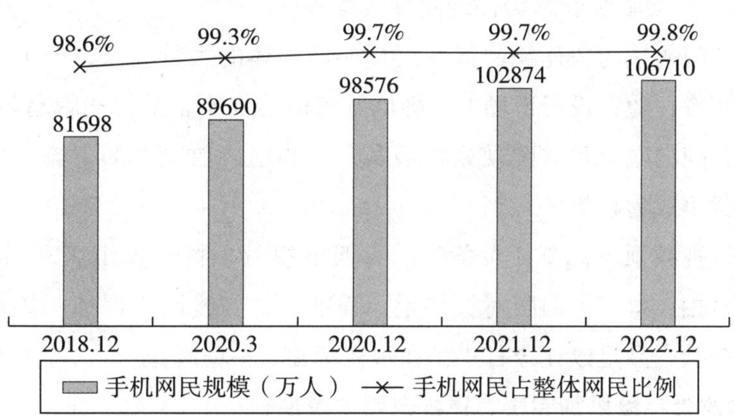

图1-5　中国手机网民规模及其占整体网民比例

资料来源：《中国互联网发展状况统计报告》。

2. 资讯消费占据主流，信息获取碎片化、视频化

据中国产业经济信息网统计数据显示，在信息的获取上，资讯消费在网民日均上网时间中占比约45%，由于手机成为用户获取资讯的主要渠道，资讯获取场景更加生活化，浏览器推送的信息受到用户的青睐。场景的无限制、获取信息的便利使用户对资讯的获取呈现碎片化特征。同时，越来越多的网民选择消费资讯视频，在视频网站上获取资讯的人数增长228%。

3. 微博、微信稳居优势地位，用户价值待开发

微博和微信作为国内两大社交媒体平台，稳居优势地位。中国产业经济信息网统计数据显示，在2022年上半年中国微博用户规模及使用情况中，微博月活跃用户达到

5.84 亿，微信日登录用户达 7.5 亿。通过这组数据不难看出，两大平台的庞大用户基础使其成为巨大的流量入口。

二、新媒体发展趋势

1. 新媒体对人们未来生活产生重大影响

在新的传媒时代，新媒体更加广泛地渗入人类社会生活的方方面面，从“万物互联”到“万物智能”，电商、人工智能，各类 VR、AR 将极大地改变人们未来的生活。

例如，以电商起家的阿里巴巴，在过去的十几年，从 B2B 到 C2C 再到 B2C，构建了一个电商生态体系。随着互联网经济不断深入发展，阿里巴巴引入了 AR 技术，并随之展开了在文化产业领域的一系列收购，如收购文化中国，更名为阿里影业，在影视版权、电影投融资、在线售票、数字音乐及数字出版等领域都留下阿里巴巴的足迹。

2. 新媒体平台面临洗牌趋势，走向寡头竞争

随着很多热门领域的快速崛起以及用户向新媒体的大量涌入，产生了众多同质化平台和内容创作者，随着投资市场的冷静以及竞争的加剧，平台洗牌趋势会更加显著。未来新媒体平台间的融合和并购现象将增多，一些用户数量大的主流平台将更受投资者青睐，寡头竞争成为趋势。

例如，在短视频领域，今日头条就已有西瓜视频、抖音火山版和抖音三款产品。西瓜视频对标秒拍；抖音火山版对标快手，瞄准三、四线用户群体；抖音则主要征服年轻用户。这三款产品足以让今日头条在短视频领域站稳脚跟。

3. 新媒体监管手段更加完善，重视自媒体舆情

不断爆发的众多舆论事件，促使政府关注对新媒体领域的监管。既要保证公众的舆论监督权益，又要保证政府对舆情的积极引导。一方面，要对新媒体领域众多问题作出规范，积极出台相关法律法规和政策。例如，针对个人信息保护、关键信息基础设施保护的《中华人民共和国网络安全法》就引起了国内外媒体和网民的关注，得到很好的反响。另一方面，要鼓励行业制定内部规范，将政府管理与行业自律相结合。同时，要正视自媒体舆情事件，提升政务新媒体舆情应对能力，使舆论场活跃而有序。

任务总结

本小节在新媒体营销概述的基础上，进一步讲解新媒体发展现状与趋势，加深学生对新媒体相关知识的理解。

任务评价

<table>
<tr><td colspan="6">任务评价表</td></tr>
<tr><td colspan="2">完成方式</td><td colspan="4">□小组协作完成
□个人独立完成</td></tr>
<tr><td colspan="5">评价点</td><td>分值</td></tr>
<tr><td colspan="5">对新媒体发展现状的认识是否到位</td><td>50</td></tr>
<tr><td colspan="5">对新媒体发展趋势的总结是否准确</td><td>50</td></tr>
<tr><td colspan="6">总成绩：</td></tr>
<tr><td>自我
评价</td><td>（20%）</td><td>小组
评价</td><td>（20%）</td><td>教师
评价</td><td>（60%）</td></tr>
<tr><td colspan="6">存在的主要问题</td></tr>
<tr><td colspan="6"></td></tr>
</table>

任务三　网络新媒体营销方式

任务前导

明确了新媒体发展现状与趋势之后，接下来需要学习网络新媒体的营销方式。企业要开展新媒体营销工作，首先需要了解常见的网络新媒体营销方式，从而根据具体的营销目标选择合适的营销方式。

任务实施

网络新媒体营销方式可以从以下三个方面展开：搜索引擎营销、视频营销及社群营销。

一、搜索引擎营销

搜索引擎营销（Search Engine Marketing，SEM），其基本思想是用户通过检索发现信息，点击进入网页，进一步了解需要搜索的信息。常见的搜索引擎有搜狗、百度、360 搜索以及必应等。

搜索引擎营销的关键在于搜索，下面主要从搜索引擎优化和竞价排名两个方面讲解提升搜索排名的方法。

1. 搜索引擎优化

搜索引擎优化（Search Engine Optimization，SEO），简单来说就是能够让网页、关键词排名靠前的各种方法，主要目的是增加主推关键词的曝光率以及增加网站在搜索引擎中的收录量，最终提升网站的宣传效果。搜索引擎优化对网络营销的价值主要体现在以下几个方面。

①网站通过搜索引擎自然检索显著提高用户访问量。

②通过网页内容的优化，用户能够通过有限的摘要信息感知公司产品及品牌，这也是网络营销品牌创建的内容和方法之一。

③通过搜索引擎检索结果信息，引导用户来到网站获得有价值的信息和服务，可见搜索引擎优化与网站内容等要素的优化是不可分割的。

④对提高用户转化率提供最大的支持。

⑤对竞争者施加营销壁垒。对于每个关键词检索结果而言，在搜索引擎返回的海量信息中，能够引起用户关注并形成点击的信息是非常有限的。在搜索结果中占据有利的位置，在为自己带来潜在客户的同时，也对竞争者施加了营销壁垒，减小了竞争对手的推广空间。

2. 竞价排名

竞价排名是按点击计费的一种服务，用户可以通过调整每次点击付费价格，控制自己在特定关键词搜索结果中的排名，并通过设定不同的关键词捕捉到不同类型的目标访问者。出现在搜索结果中的推广信息如果没有被用户点击，则不收取推广费。

搜索引擎竞价排名推广主要包括以下六个步骤：

步骤 1：在各个搜索推广平台申请搜索引擎营销推广账号；

步骤 2：制作并优化网站登录页；

步骤 3：确定关键词，创建推广计划；

步骤 4：安装统计代码，确认网站转化目标；

步骤 5：投放广告；

步骤 6：跟踪并评估广告投放效果。

二、视频营销

互联网时代瞬息万变，比起其他形式的内容，用户更容易接受视频的直观表达，企业可以充分利用这个机会，通过视频进行产品或服务营销。下面，将从视频营销概念、视频营销优势、视频发布渠道三个方面展开讲解。

1. 视频营销概念

视频营销是指主要基于视频网站为核心的网络平台，以内容为核心、创意为导向，利用精心策划的视频内容达到产品营销与品牌传播的目的，是“视频”和“互联网”的结合。

视频营销的形式包括电视广告、网络视频、宣传片、微电影等，通过把产品或品牌信息植入视频中，产生一种视觉冲击力和表现张力，通过网民的力量实现传播，达到营销产品或品牌的目的。

2. 视频营销优势

相对于传统营销方式，视频营销具有以下优势。

（1）成本低

相比传统广告昂贵的广告费用而言，只需要一个好的创意、几个员工，就可以做出一个好的视频营销短片，可将其免费放到视频网站上进行传播。

（2）目标精准

作为网络营销新兴方式之一，视频营销能够更精准地定位目标用户。视频有利于搜索引擎的优化，只要设置好关键词，视频往往会在搜索引擎结果中获得更好的排名，由于访客是根据需求主动搜索的，因此获得的流量相比传统营销要精准很多。

（3）呈现效果好

将文字、影像、声音三者立体展现出来，形成丰富多样的视频，对用户的视觉和大脑感官造成强大的冲击力，相比图文广告更加能够获得用户的青睐。

（4）互动性强

在发布视频时，拟一个具有吸引力的标题很关键，这可以引发用户观看视频并进行评论转发，增加互动性；用户还可以把他们认为有缺点或者认可的视频转载到自己的博客或其他社交平台，让视频进行“病毒式传播”。

3. 视频发布渠道

视频制作完成之后，要通过合适的渠道进行传播，才能达到事半功倍的效果，常见的视频发布渠道主要有以下四类。

①在线视频：主要是指一些专门的视频网站，其播放量主要依靠用户搜索或者小编推荐来获得，如爱奇艺、优酷、腾讯视频等。

②资讯客户端：这类渠道的播放量主要是通过自身系统的推荐机制来获得，如今日头条媒体平台、一点资讯等。

③短视频：这类渠道粉丝的数量对播放量影响比较大，如美拍、秒拍、抖音、快手等。

④社交平台：这类渠道传播性比较强，如 QQ 空间、微博、微信等。

三、社群营销

1. 社群营销概念

社群营销就是基于相同或相似的兴趣爱好，通过某种载体聚集人气，通过产品或服务满足群体需求而产生的商业形态。简单来说，社群是一种把用户变成粉丝，把粉丝变成朋友的过程。

2. 社群营销优点

（1）低成本实现利润最大化

在社群中，每一个个体都是购买力和传播力的结合体，无论是产品购买还是品牌传播，用户都能为企业带来巨大效益。

（2）直达目标用户的精准营销

精准营销为许多企业找到了可行的方法，从“茫茫人海”转向了“特定社群”，这不仅节省了成本，而且还带来了众多的精准客户。

（3）高效率的圈子传播

社群的本质是连接，由手机端和电脑端构建的新媒体环境彻底突破了空间和时间的限制，将人与人紧密联系在一起，而且这种联系通常是一种基于熟人的联系。

3. 社群营销步骤

步骤 1：社群定位。首先定位目标群体并对社群主打产品进行定位。

步骤 2：建立社群。以微信社群为例，进入微信首页，点击右上角“+”符号，选择“发起群聊”，进入选择联系人界面，利用搜索工具找到已添加的会员微信，选择加入群的成员，选择完毕后点击右下角“完成”。

步骤 3：社群维护与激活。定好客户、选好产品后，确定如何做才能让用户购买。

步骤 4：产品信息推广。“社群营销”最终就是要通过社交媒体进行营销。目前常见的社交媒体包括微信、微博、QQ 等，这些渠道具有各自的特点，可以根据实际需要进行选择。

以小米为例，小米的快速崛起，离不开其社群营销。小米在社群营销上的做法主要包括以下几个方面。

①聚集粉丝。小米通过多种方式聚集粉丝：利用微博获取新用户，利用论坛保持用户活跃度，利用微信做客服等。

②增强参与感。比如，在开发 MIUI 时，小米让米粉参与其中，请米粉提出建议和要求，由工程师改进，这极大地增强了用户的参与感。

③增加自我认同感。小米通过爆米花论坛、“米粉节”“同城会”等活动，让用户产生“我是主角”的感受。

④全民客服。小米从领导到员工都是客服，都与粉丝持续对话，时刻解决用户问题。

任务总结

本小节主要讲解了几种常见的网络新媒体营销方式，包括搜索引擎营销、视频营销和社群营销。在学习过程中，学生需要明确这三种常见网络新媒体营销方式的概念、优点以及实施步骤等内容。

任务评价

<table>
<tr><th colspan="3">任务评价表</th></tr>
<tr><td>完成方式</td><td colspan="2">□小组协作完成
□个人独立完成</td></tr>
<tr><td colspan="2">评价点</td><td>分值</td></tr>
<tr><td colspan="2">对搜索引擎营销的概念表述是否准确</td><td>20</td></tr>
<tr><td colspan="2">对搜索引擎竞价排名推广的步骤是否清晰</td><td>20</td></tr>
<tr><td colspan="2">是否能够完整总结视频营销的优势</td><td>20</td></tr>
<tr><td colspan="2">是否明确社群营销的优点</td><td>20</td></tr>
</table>

续 表

<table>
<tr><td colspan="5">评价点</td><td>分值</td></tr>
<tr><td colspan="5">是否明确社群营销的操作步骤</td><td>20</td></tr>
<tr><td colspan="6">总成绩：</td></tr>
<tr><td>自我评价</td><td>（20%）</td><td>小组评价</td><td>（20%）</td><td>教师评价</td><td>（60%）</td></tr>
<tr><td colspan="6">存在的主要问题</td></tr>
<tr><td colspan="6"></td></tr>
</table>

任务四　新媒体岗位职责

任务前导

随着企业对新媒体的重视程度越来越高，整个市场对新媒体的岗位需求量也不断上升，应聘新媒体领域相关岗位的求职者数量呈增长趋势。整体来说，新媒体从业者在未来会有很大的发展空间。

任务实施

新媒体岗位职责，需要从两个方面展开介绍：新媒体岗位行业分布、新媒体人才层次划分及岗位职责。

1. 新媒体岗位行业分布

新媒体相关岗位主要分布在移动互联网、电子商务、文化娱乐、教育等领域，其中，移动互联网是新媒体岗位需求的最大领域，移动互联网的高覆盖、强推广符合了新媒体线上运营的特点。

2. 新媒体人才层次划分及岗位职责

根据智联招聘2022年4月公布的新媒体行业相关招聘信息，可以根据岗位要求和薪资将新媒体人才分为以下四个层次。

（1）第一层：新媒体客服人员

新媒体客服人员岗位要求最低，对应的薪资待遇也最低，入行门槛低，零基础的新人一般可以考虑从客服做起，通过这个岗位能快速了解各个岗位的主要工作内容和存在的问题，快速地成长起来。

（2）第二层：新媒体编辑人员

作为一名合格的新媒体编辑人员，不仅要掌握排版、起标题等基本技能，还应该提升自身的内容编辑能力，内容编辑的范围包括内容生产和内容加工。

以某公司新媒体编辑岗位为例，其工作职责包括：①管理并运营公司微信媒体平台，负责日常发布内容的素材收集、内容策划和文案撰写，并且对线上活动进行创新，提高群的活跃度和用户黏度；②对新媒体营销及信息有深入研究的能力和敏锐的洞察力，有实操经验和成功案例；③能快速响应社会、娱乐等网络热点话题，擅长借势造势，独立完成热点营销事件的策划和执行；④建立有效的新媒体运营体系，提升用户的活跃度，增加品牌的知名度和美誉度。

（3）第三层：新媒体运营人员

新媒体运营（含活动运营、用户运营等）是新媒体工作的重点，从业者需具备互动结合、热点把控、创意规划等能力，所以这个岗位中有能力的人才是非常受重视的。新媒体运营主要的工作职责包含以下几个方面。

①负责公司新媒体整体运营。管理并运营公司微信、微博、知乎、贴吧等社会化媒体平台，负责日常发布内容的素材收集、内容策划、文案撰写。

②对新媒体营销及信息能进行深入的研究，具备敏锐的洞察力，有实操经验和成功案例。

③快速响应社会、娱乐等网络热点话题，擅长借势造势，能够独立完成热点营销事件的策划和执行。

④建立有效的新媒体运营体系，提升用户的活跃度，增加品牌的知名度和美誉度。

⑤负责公司大项目的新媒体营销策划及执行统筹。

⑥负责新媒体关系拓展及商务合作等。

（4）第四层：新媒体技术人员

随着直播以及短视频的崛起，新媒体行业对能够熟练进行图文编辑排版、图片美化处理、音频效果改进、视频剪辑优化的技术人员需求量不断增加。同时，很多企业也急需精通拍摄技巧、有独特的镜头运用能力的技术人员。

任务总结

本小节主要讲述了新媒体岗位行业分布、新媒体人才层次划分及岗位职责等内容，帮助学生更好地认识新媒体岗位并进行职业选择。该部分的学习重点是新媒体的岗位职责。

任务评价

<table>
<tr><td colspan="6">任务评价表</td></tr>
<tr><td colspan="2">完成方式</td><td colspan="4">□小组协作完成
□个人独立完成</td></tr>
<tr><td colspan="5">评价点</td><td>分值</td></tr>
<tr><td colspan="5">对新媒体的市场和行业的分析是否精准</td><td>20</td></tr>
<tr><td colspan="5">是否明确新媒体客服岗位职责</td><td>20</td></tr>
<tr><td colspan="5">是否明确新媒体编辑岗位职责</td><td>20</td></tr>
<tr><td colspan="5">是否明确新媒体运营岗位职责</td><td>20</td></tr>
<tr><td colspan="5">是否明确新媒体技术岗位职责</td><td>20</td></tr>
<tr><td colspan="6">总成绩：</td></tr>
<tr><td>自我
评价</td><td>（20%）</td><td>小组
评价</td><td>（20%）</td><td>教师
评价</td><td>（60%）</td></tr>
<tr><td colspan="6">存在的主要问题</td></tr>
<tr><td colspan="6"></td></tr>
</table>

思政园地

新媒体营销课程思政重点

一、新媒体营销与社会主义核心价值观的融合

在新媒体营销活动中，应始终坚持社会主义核心价值观的引领。企业在新媒体平

台上推广产品时，应传递正能量，倡导积极向上的生活态度，弘扬爱国、敬业、诚信、友善等价值观。通过新媒体营销，让更多的人了解和接受社会主义核心价值观，形成正确的世界观、人生观和价值观。

二、新媒体营销中的诚信经营与法律责任

诚信经营是新媒体营销的基本原则。企业在新媒体平台上发布广告、推广产品时，应遵守法律法规，不得夸大宣传、虚假宣传。同时，企业应承担起对消费者的责任，保障消费者的合法权益。通过新媒体营销，传播诚信经营的理念，引导企业和消费者共同维护市场秩序。

三、新媒体营销中的文化传承与创新

新媒体营销不仅是商业活动，还是文化传承与创新的重要载体。企业在新媒体平台上可以运用丰富的文化元素，展示传统文化的魅力，同时推动文化的创新与发展。通过新媒体营销，让更多的人了解并喜爱传统文化，增强文化自信。

四、新媒体营销中的消费者权益保护

在新媒体营销过程中，企业应尊重消费者的知情权和选择权，提供真实、准确的产品信息。同时，企业还应建立完善的售后服务体系，及时解决消费者的问题和投诉。通过新媒体营销，提高消费者的满意度和忠诚度，实现企业与消费者的共赢。

五、新媒体营销中的社会责任与可持续发展

新媒体营销企业应积极履行社会责任，关注社会热点问题，积极参与公益事业。通过新媒体平台，传播环保、公益等理念，推动社会的可持续发展。同时，企业还应关注员工的成长与发展，为员工提供良好的工作环境和晋升机会。

项目二 微信公众号营销

学习目标

［知识目标］

1. 了解微信公众号的定位和类型；
2. 了解微信内容选题策划的类型；
3. 了解微信内容策划实施的步骤；
4. 熟悉微信内容编辑的流程与方法；
5. 熟悉微信营销数据监控的步骤与方法。

［能力目标］

1. 掌握微信公众号建立的步骤；
2. 掌握微信内容选题策划的步骤；
3. 掌握微信内容策划实施的步骤；
4. 具备使用微信图文内容编辑器的能力；
5. 具备微信内容发布后数据收集与分析能力。

［素养目标］

1. 激发学生对微信营销相关职业的积极性；
2. 培养学生做事认真、勤恳努力的敬业精神；
3. 培养学生利用微信营销传播正能量，坚持正确导向的社交分享。

案例导入

微信公众号，作为社交媒体平台的主要社交媒体，目前已吸引了数十亿的注册用户，构建了一个庞大而活跃的用户社群。在这个巨大的用户社群中，一些运营得相当优秀的公众号不仅成功积累了大量关注者，还在知识传播领域取得了显著成就。

众多公众号中，“新东方英语”的微信公众号堪称亮眼，拥有超过5000万的关注者和每月数亿的阅读量，它通过内容创新和互动学习，建立了一个庞大而积极的学习社群，为学习者提供了高质量的英语学习体验。这不仅是传统教育的延伸，更是在社交媒体平台上打造了一个具有深度互动的学习生态。

优秀的公众号不仅是内容传播的平台，还为用户提供了实际的帮助和启发。通过分享创业的经验、行业洞见等内容，它们为创业者提供了宝贵的资源，帮助更多人在创业路上迈出坚实的步伐。这种知识分享不仅激发了创业者的热情，也为社会创造了更多的就业机会和经济价值。微信公众号在这一过程中不仅是信息传递的媒介，更是连接知识、创业和成功的桥梁。

综合来看，微信公众号作为社交平台的一部分，通过内容创新和精准运营，在用户数量和互动层面取得了令人瞩目的成就，为创业者和普通用户创造了更多机会，推动了社会经济的繁荣。

任务一　微信公众号建立

任务前导

利用微信公众号开展营销是当下企业和网店采用的主流营销方式之一，其具有营销成本低、营销受众广等特点，能够以较低的投入获得较高的产出。那么，如何进行公众号营销？我们将以一家经营广西特产——螺蛳粉网店为例，讲解微信公众号营销工作的第一步——建立微信公众号。

任务实施

微信公众平台公众号包括服务号、订阅号、小程序、企业微信（原企业号）四类账号，企业可选择适合的账号类型进行营销。服务号与企业微信能够给企业和组织提供更强大的业务服务，帮企业增强用户管理能力；小程序是一种在微信内能被用户快速获取和传播的应用；订阅号可以为用户传播新闻、娱乐、时政、情感等资讯。而我们日常所说的微信公众号多数情况下指的是订阅号。

结合螺蛳粉的推广需要，我们选择创建微信订阅号来开展营销宣传，操作时，需要分以下两部分操作：微信公众号定位和微信公众号建立。

一、微信公众号定位

开展营销之前，需要对自身进行定位。建立微信公众号，首先需要明确公众号的定位，即公众号的类型。常见公众号类型有四种：自媒体类、产品营销类、品牌营销类以及客户关系维护类。

学生需要依据自己的网店或产品选择合适的公众号类型。

步骤1：了解各类公众号类型。

借助网络查找自媒体类、产品营销类、品牌营销类以及客户关系维护类公众号类型的信息，总结各类型公众号的特点，并完成下列表格的填写。

公众号类型	特点
自媒体类	
产品营销类	
品牌营销类	
客户关系维护类	

步骤2：确定公众号定位。

在了解了各类公众号的详细情况后，需要选择符合自己需要的公众号类型。案例中的螺蛳粉网店将要建立的公众号以产品营销为目的，因此其公众号定位为产品营销类公众号。

二、微信公众号建立

确定好公众号定位后，需要进行公众号建立的操作，步骤如下所示。

步骤1：通过计算机登录微信公众平台官网（https：//mp. weixin. qq. com），点击右上角的“立即注册”，如图2-1所示。

立即注册
简体中文
登录
使用账号登录
微信扫一扫，选择该微信下的
公众平台账号登录

图 2-1 账号注册页面截图

步骤 2：依照提示填写完相关信息后，在跳转页面选择注册账号类型，此处选择“订阅号”，如图 2-2 所示。

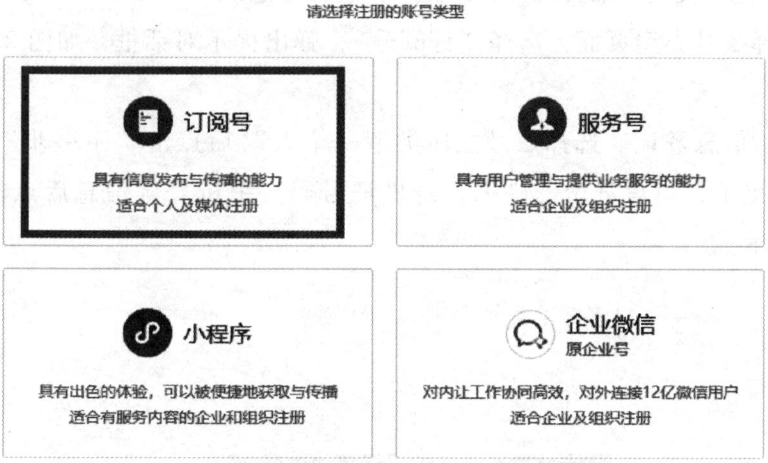

请选择注册的账号类型
订阅号
具有信息发布与传播的能力
适合个人及媒体注册
服务号
具有用户管理与提供业务服务的能力
适合企业及组织注册
小程序
具有出色的体验，可以被便捷地获取与传播
适合有服务内容的企业和组织注册
企业微信
原企业号
对内让工作协同高效，对外连接12亿微信用户
适合企业及组织注册

图 2-2 选择“订阅号”页面截图

步骤 3：填写邮箱、密码等信息，点击“注册”，如图 2-3 所示。

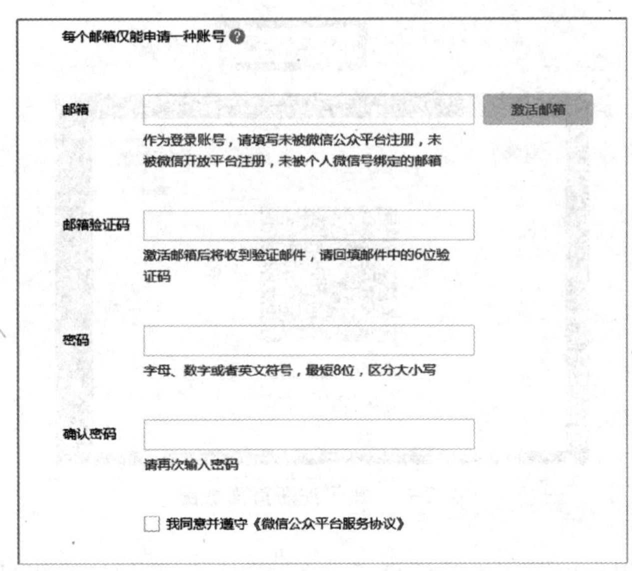

图 2-3　填写注册信息页面截图

步骤 4：选择类型。根据跳转页面提示，选择注册地，如图 2-4 所示。选择之后，会跳转到选择账号类型页面，选择“订阅号”，弹出提示对话框，如图 2-5、图 2-6 所示。

步骤 5：信息登记。选择账号主体类型“个人”后点击“下一步”，如图 2-7 所示。根据提示，填写身份证姓名、身份证号码、手机号等信息后点击“继续”，如图 2-8 所示。

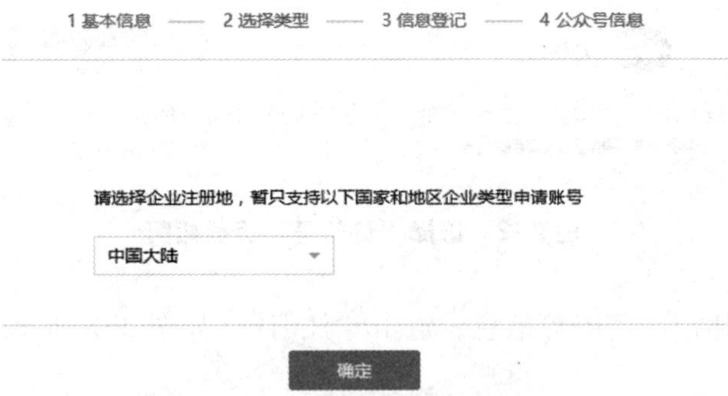

1 基本信息 —— 2 选择类型 —— 3 信息登记 —— 4 公众号信息

请选择企业注册地，暂只支持以下国家和地区企业类型申请账号

中国大陆

确定

图 2-4　选择注册地页面截图

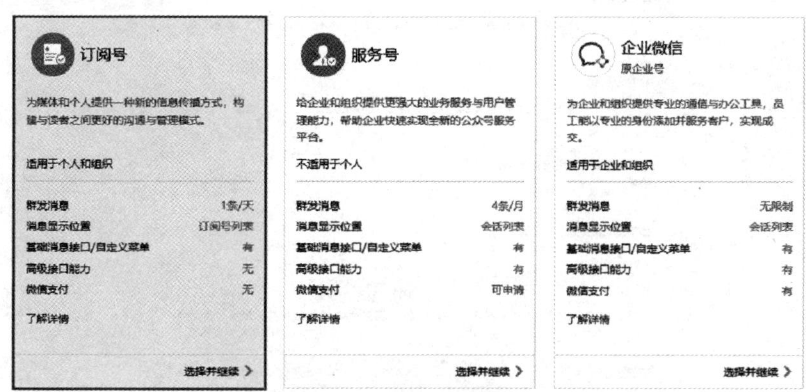

图 2-5　确认账号类型页面截图

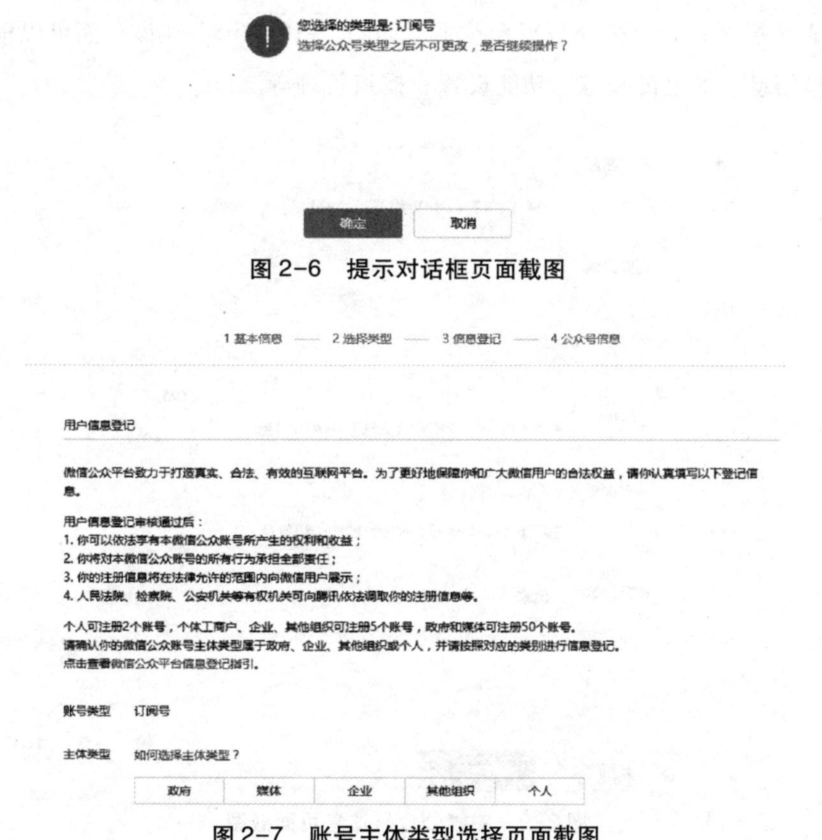

图 2-6　提示对话框页面截图

1 基本信息 —— 2 选择类型 —— 3 信息登记 —— 4 公众号信息

用户信息登记

微信公众平台致力于打造真实、合法、有效的互联网平台。为了更好地保障你和广大微信用户的合法权益，请你认真填写以下登记信息。

用户信息登记审核通过后：
1. 你可以依法享有本微信公众账号所产生的权利和收益；
2. 你将对本微信公众账号的所有行为承担全部责任；
3. 你的注册信息将在法律允许的范围内向微信用户展示；
4. 人民法院、检察院、公安机关等有权机关可向腾讯依法调取你的注册信息等。

个人可注册2个账号，个体工商户、企业、其他组织可注册5个账号，政府和媒体可注册50个账号。
请确认你的微信公众账号主体类型属于政府、企业、其他组织或个人，并请按照对应的类别进行信息登记。
点击查看微信公众平台信息登记指引。

账号类型　订阅号

主体类型　如何选择主体类型？

政府	媒体	企业	其他组织	个人

图 2-7　账号主体类型选择页面截图

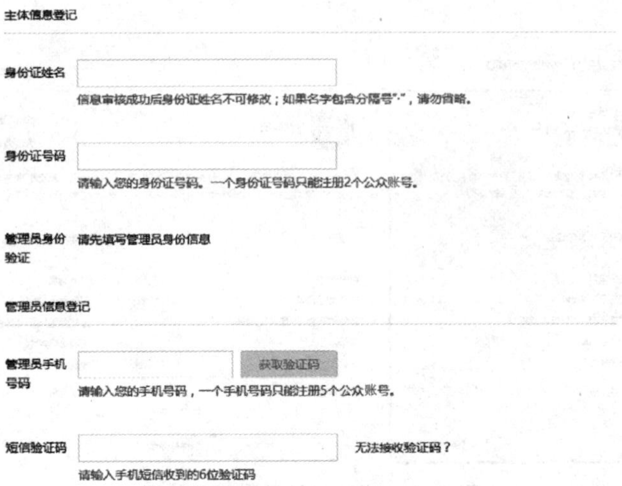

主体信息登记

身份证姓名

信息审核成功后身份证姓名不可修改；如果名字包含分隔号"·"，请勿省略。

身份证号码

请输入您的身份证号码。一个身份证号码只能注册2个公众账号。

管理员身份验证 请先填写管理员身份信息

管理员信息登记

管理员手机号码 获取验证码

请输入您的手机号码，一个手机号码只能注册5个公众账号。

短信验证码 无法接收验证码？

请输入手机短信收到的6位验证码

图 2-8　完善主体信息页面截图

步骤 6：完善公众号信息。填写“账号名称”“功能介绍”“运营地区”，这些信息填写完成后，公众号注册前期的工作基本完成，点击“完成”即可，如图 2-9 所示。点击“完成”后会跳转至公众号平台首页，如图 2-10 所示，在该页面可以根据需要继续完善账号信息，如上传头像、功能设置、授权管理等。

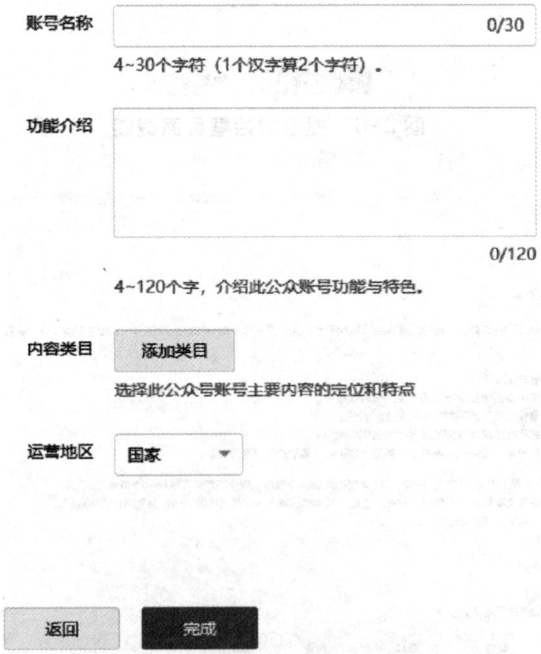

账号名称 0/30

4~30个字符（1个汉字算2个字符）。

功能介绍

0/120

4~120个字，介绍此公众账号功能与特色。

内容类目 添加类目

选择此公众号账号主要内容的定位和特点

运营地区 国家

返回 完成

图 2-9　完善公众号信息页面截图

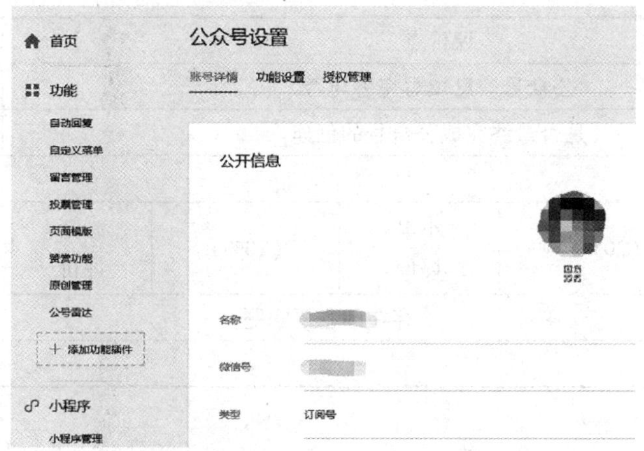

图 2-10 公众号设置页面截图

至此，微信公众号创建成功，接下来需要对微信公众号的内容进行策划。

任务总结

本小节主要讲解了微信公众平台的账号类型及订阅号的创建，致力于培养学生独立创建微信公众号的能力。在学习过程中，学生要在仔细阅读教材的基础上，完成实践操作。

本小节操作内容较为简单，学生需要将难点放在公众号信息的完善部分，提前预设好需要填写的内容，同时学生还可尝试通过创建微信服务号来掌握创建微信公众号的操作步骤。

任务评价

<table>
<tr><th colspan="3">任务评价表</th></tr>
<tr><td>完成方式</td><td colspan="2">□小组协作完成
□个人独立完成</td></tr>
<tr><td colspan="2">评价点</td><td>分值</td></tr>
<tr><td colspan="2">公众号类型选择正确与否（选择订阅号为正确）</td><td>20</td></tr>
<tr><td colspan="2">信息登记是否为个人</td><td>20</td></tr>
</table>

续 表

评价点	分值
公众号信息填写完善与否	30
是否最终完成公众号的创建	30

<table>
<tr><td colspan="6">总成绩：</td></tr>
<tr><td>自我
评价</td><td>（20%）</td><td>小组
评价</td><td>（20%）</td><td>教师
评价</td><td>（60%）</td></tr>
<tr><td colspan="6">存在的主要问题</td></tr>
<tr><td colspan="6"></td></tr>
</table>

延伸练习

背景交代：

2022 年广西园林水果种植面积超过 2000 万亩，产量在全国率先突破 3000 万吨大关，连续五年保持全国第一，水果种植业产值突破 1000 亿元；柑橘、芒果、柿子、火龙果、百香果等种植面积和产量排名全国第一；香蕉、荔枝、龙眼等种植面积和产量排名全国第二……作为全国水果第一大省区，广西是名副其实的中国“果盘子”。但由于缺乏相关网络宣传，广西水果时常滞销，现需要在微信平台上大力宣传家乡特产，请学生根据本小节所学知识，完成相关微信公众号注册。

步骤分解：

①学生根据百度检索给出的结果，了解广西本地优秀特产；

②学生通过小组讨论，选定要打造的特产项目；

③学生申请一个邮箱作为公众号注册的账号；

④学生根据课本操作，完成公众号注册；

⑤学生确定账号名称、功能介绍、内容类目；

⑥学生确定账号头像和账号信息。

任务二 微信内容策划

任务前导

通过建立微信公众号，螺蛳粉网店拥有了属于自己的公众号，这是展开公众号营销的第一步。随后，针对网店的产品进行首轮发文推广，在文章内容编辑和发布之前，需要提前进行微信内容的策划，以便为用户提供最有价值的产品资讯，挖掘用户更加个性化的消费需求。

任务实施

微信内容策划，需要从以下两个方面展开：微信内容选题策划、微信内容策划实施。

一、微信内容选题策划

学生需要根据以下步骤完成选题策划。

步骤 1：明确选题类型。

常见的选题类型有三种：常规选题、热点选题、系列选题。

选题类型	特点	受众
常规选题		
热点选题		
系列选题		

步骤 2：确定选题方式。

需要根据上面的三种选题类型确定选题方式。确定选题方式时，学生可以根据自己的特长或产品的特点选择不同的类型，如螺蛳粉营销可以选择系列选题。

步骤 3：确定选题。

在进行这步操作时，需要结合以下三项，选定最终选题。

①受众：覆盖人群。选题要符合大多数受众的爱好，能够与用户产生共鸣。

②话题：可操作性、时效性、传播性。选题要尽量选正在发生的、将要发生的以及发生不久的事件等，且在受众群体中具有一定的传播性。

③主体：相关性、价值观。选题要与公众号定位一致，符合公众号要树立的价值理念。

如螺蛳粉营销，可以选择对螺蛳粉材料、口味、做法等进行系列普及。

螺蛳粉选题	对螺蛳粉材料、口味、做法等进行系列普及
学生选题类型	

通过以上步骤，学生可以完成微信公众号内容选题策划部分的操作。

二、微信内容策划实施

微信内容策划实施，需要通过以下步骤进行。

步骤 1：需要明确产品定位，结合网店产品，挖掘出产品的特色与卖点。如网店经营的产品是螺蛳粉，其具有如下特点：汤够鲜、笋味厚、有米香、豆香醇等，如图 2-11 所示。

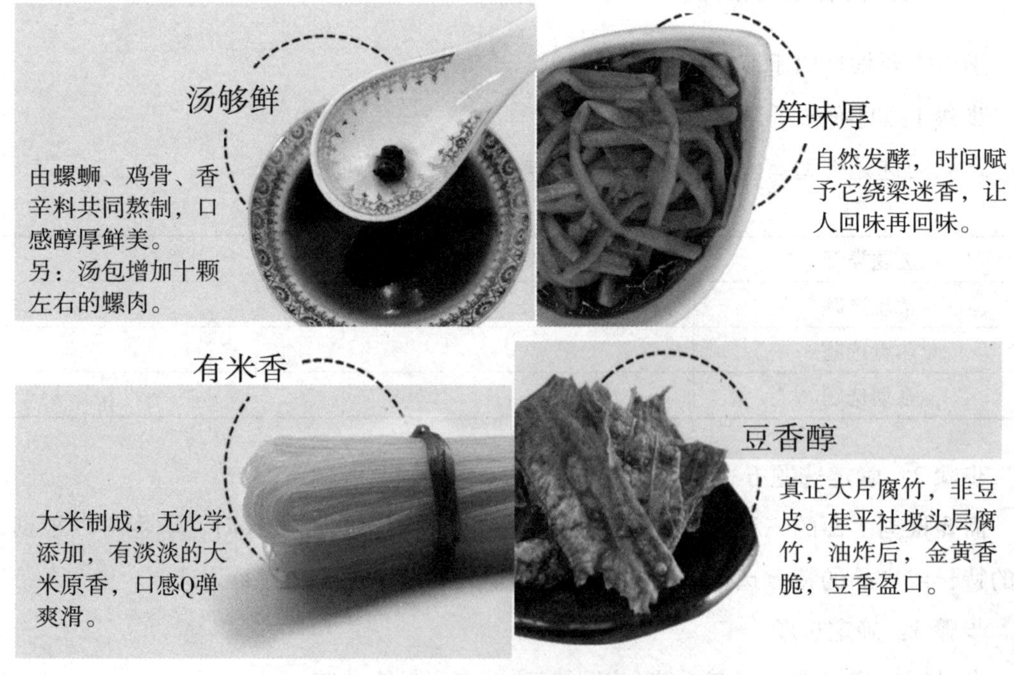

图 2-11 螺蛳粉特点

步骤 2：需要了解用户群。针对网店产品，需要对用户行为进行分析，清晰用户画像及其特点。如针对螺蛳粉进行用户群定位时，会发现螺蛳粉的用户群具有如图 2-12 所示的特点。

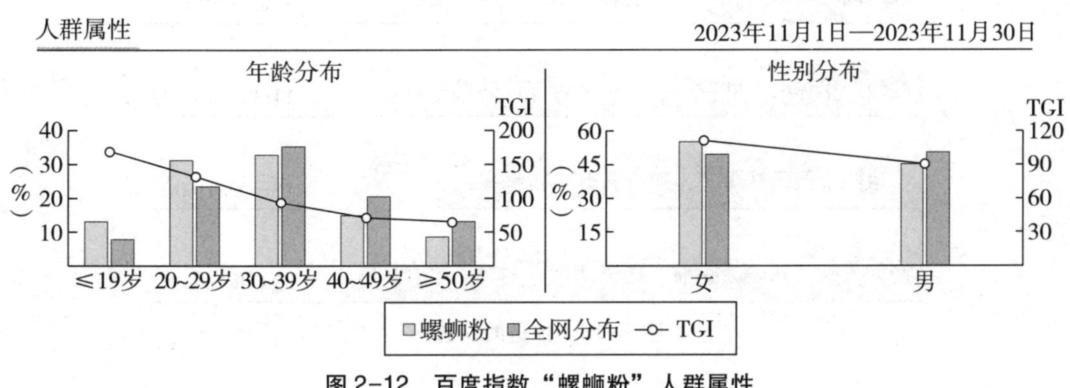

图 2-12　百度指数“螺蛳粉”人群属性

步骤 3：确定内容形式。微信公众号的内容包括图文消息、语音和视频等。其中，图文消息和视频是广泛采用的两种形式。

步骤 4：确定内容类型。常见的内容类型有四种：经验型内容、功效型内容、体验型内容以及新闻型内容。其中，经验型内容为向用户传授经验的图文，如《如何编写微信图文内容》；功效型内容主要提供产品介绍、产品使用方法，如《增高鞋让你增高 10 厘米》；体验型内容讲述自己使用某产品的过程、取得的功效以及使用的经验，如《快速减肥瘦身》；新闻型内容紧扣社会热点、最新行业动态等，如《NBA 赛果新动向》。

在了解了内容类型后，通过对用户的分析确定公众号内容类型。如若很多人对螺蛳粉的配料并不是很了解，螺蛳粉网店的推广内容类型就可以定位为经验型内容。

螺蛳粉内容类型	经验型内容
学生内容类型	

步骤 5：确定内容风格。即确定图文等的整体呈现效果，如平述、幽默、严肃、抒情等。这里需要结合公众号的定位和选题等进行确定。如案例内容类型是螺蛳粉配料的经验型分享，所以可以采用平述的描述风格。

螺蛳粉内容风格	平述
学生内容风格	

步骤 6：确定推送时间。首先要了解合适的推送时间段，可以参考以下内容进行推送时间的选择，如图 2-13 所示。

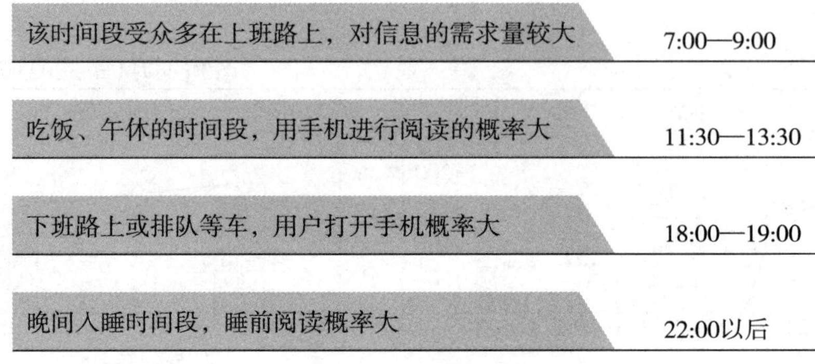

图 2-13　推送时间选择

选择完推送时间后，就完成了微信内容策划的整体操作，接下来，需要根据策划结果进行微信内容编辑的操作。

任务总结

本小节主要讲解了微信内容策划的流程与方法，重点培养学生针对网店和产品进行内容策划的能力。在学习过程中，学生要重点掌握用户群及产品定位的方法、确定内容的方法，了解微信内容的发送时间与发送频率，为微信内容编辑的学习和操作打下良好的基础。

任务评价

<table>
<tr><th colspan="3">任务评价表</th></tr>
<tr><td>完成方式</td><td colspan="2">□小组协作完成
□个人独立完成</td></tr>
<tr><td colspan="2">评价点</td><td>分值</td></tr>
<tr><td colspan="2">主题类型是否准确</td><td>10</td></tr>
<tr><td colspan="2">选题方式是否恰当</td><td>10</td></tr>
<tr><td colspan="2">选题是否合适</td><td>10</td></tr>
</table>

续　表

评价点					分值
产品定位是否准确					10
用户群定位与分析正确与否					20
内容类型选择是否准确					10
内容风格选择是否恰当					10
发送时间与频率选择是否合适					20
总成绩：					
自我评价	（20%）	小组评价	（20%）	教师评价	（60%）
存在的主要问题					

延伸练习

背景交代：

恭城脆柿是广西一大特产，正值“双十一”，淘宝网店推出优惠促销活动：5 斤包邮，原价 99 元，现价 29 元，用户还可以随机领取 10 元优惠券。现需在微信公众号大力宣传此次“双十一”促销活动，请学生根据本小节所学知识，完成内容策划。

步骤分解：

①根据百度指数，了解广西恭城脆柿的用户画像；

②通过市场调研，了解恭城脆柿的产品特点；

③根据练习背景，确定内容类型；

④确定内容表现形式；

⑤确定内容风格；

⑥确定内容推送时间。

任务三　微信内容编辑

任务前导

内容策划完成之后，就需要在微信公众号后台进行内容编辑。优质的内容，带给用户的不单是信息，还有阅读的享受。微信内容编辑是整个微信公众号营销中的重要组成部分。

任务实施

微信内容编辑可以从以下三个方面展开实施：微信标题撰写、微信图文编辑、微信编辑工具。

一、微信标题撰写

步骤 1：登录今日头条查看热门搜索并学习高阅读量标题。

今日头条的特点是实时推送新闻热点，而且能够根据需要进行个性化推荐。进入今日头条首页，查看并学习热门阅读量标题，并进行总结记录。

今日头条热门标题	特点

步骤 2：撰写微信标题。

根据内容策划的结果，撰写微信标题。在撰写时，可以采用图 2-14 中的技巧。

图 2-14　微信标题撰写技巧

微信内容标题	特点

二、微信图文编辑

步骤 1：登录微信公众号，点击页面中的“图文消息”选项，如图 2-15 所示。进入图文编辑页面，如图 2-16 所示。

图 2-15　“图文消息”页面截图

图 2-16　图文编辑页面截图

步骤 2：依次在编辑框中输入标题、作者、正文，如图 2-17 所示。如果想要推送的文章在网络有链接的话，可以点击“原文链接”选项。

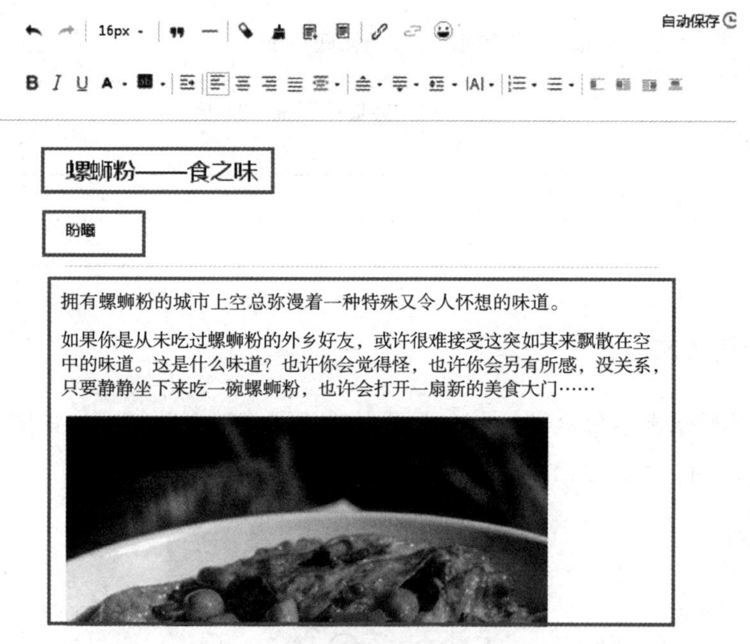

图 2-17　编辑标题等信息示例

步骤 3：为文章设置封面。封面可以从正文中选择，也可以从图片库中选择，如图 2-18 所示。当选择“从图片库选择”时，会弹出相应对话框，既可以在图库中选择，又可以上传新图片，选择本地上传时，只需选中所需图片，点击“打开”即可，图片上传完成后，会和原有图片一起出现在图库中，点击“确定”即可，如图 2-19 和图 2-20 所示。

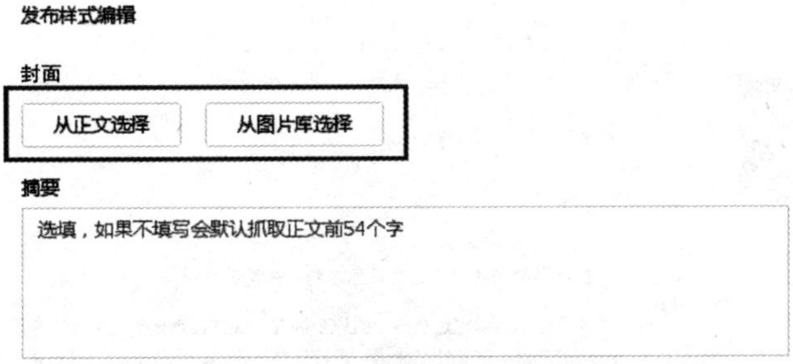

图 2-18　设置封面方式页面截图

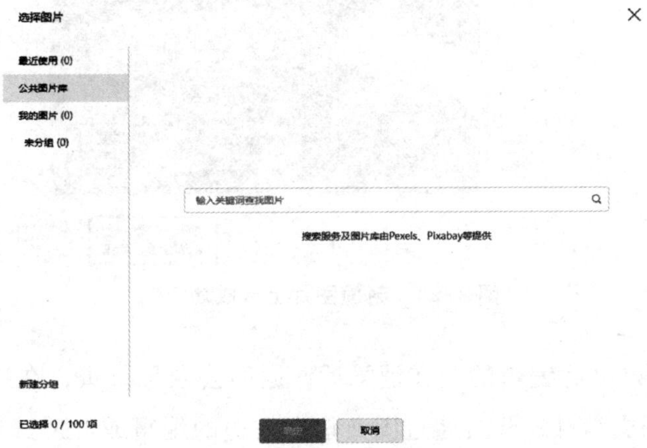

图 2-19　选择图片页面截图

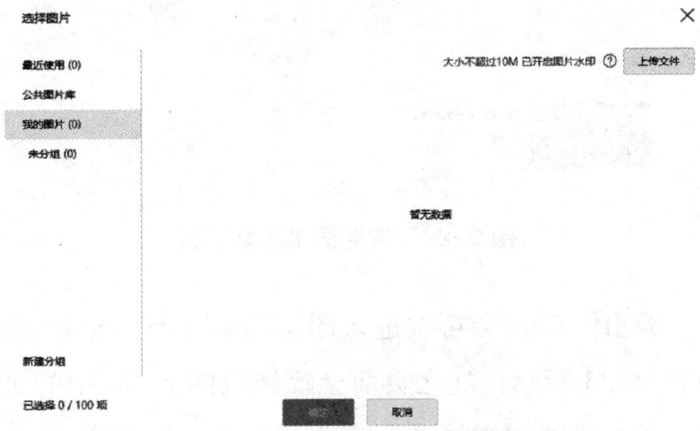

图 2-20　上传封面图片页面截图

步骤4：封面图片上传完成后，可点击“保存”“预览”“保存并群发”，如图2-21所示，此处暂且选择“保存”。

图2-21 封面图片上传成功示例

步骤5：保存好已经编辑的图文消息后，返回公众号首页，在“最近编辑”选项中找到编辑好的图文消息，此时通过图文信息右边的编辑或群发选项，对图文消息进行相关操作，如图2-22所示。

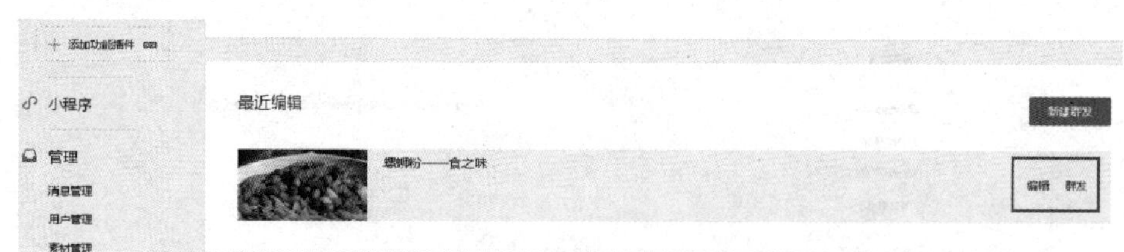

图2-22 查看图文消息示例

步骤6：点击“编辑”时，会再次进入图文编辑状态，检查无误后，选择“保存并群发”选项，如图2-23所示。随之页面会跳转至图2-24中的页面，点击“群发”即可。在弹出的对话框中选择“继续群发”选项，如图2-25所示。

螺蛳粉——食之味

盼曦

拥有螺蛳粉的城市上空总弥漫着一种特殊又令人怀想的味道。

如果你是从未吃过螺蛳粉的外乡好友，或许很难接受这突如其来飘散在空中的味道。这是什么味道？也许你会觉得怪，也许你会另有所感，没关系，只要静静坐下来吃一碗螺蛳粉，也许会打开一扇新的美食大门……

保存　预览　保存并群发

图 2-23　保存并群发页面截图

图 2-24　群发页面截图

群发确认

消息开始群发后无法撤销，是否确认群发？

继续群发　取消

图 2-25　操作确认页面截图

步骤 7：管理员扫描图 2-26 所示的二维码，进行操作验证。验证成功后，公众账号首页会出现已群发消息记录，如图 2-27 所示。

图 2-26　操作验证页面截图

图 2-27　群发消息成功示例

三、微信编辑工具

近几年新媒体营销成为一种趋势，鉴于微信公众号后台编辑工具太过于简单，市场上推出了很多含有简单设计功能的微信图文编辑工具，主要用于微信图文的排版，如秀米、135 编辑器、小蚂蚁编辑器等，小编可以快速选择模板进行图文排版编辑，这些平台还提供了一键同步功能，直接可以将编辑好的图文同步到微信公众号后台素材库。下面以秀米为例，讲解如何借助工具进行图文编辑。

步骤 1：百度搜索秀米，进入秀米首页后完成注册并登录，点击右边的“新建一个图文”进入图文编辑页面，如图 2-28 所示。

图文排版

原创模板素材，精选风格排版，独一无二的排版方式，设计出只属于你的图文。

图 2-28　新建一个图文页面截图

步骤 2：页面跳转后进入编排页面，左侧为系统模板里的样式，然后在右边的显示窗口里进行相对应的编辑即可，如图 2-29 所示。当然还可以改变样式整体配色，在最右边选择自己喜欢的就行。其中“我的收藏”以及“我的图库”功能需要注册并登录平台账号才可以使用，通常情况直接使用“系统模板”就可以满足日常需求。

图 2-29　秀米编辑页面截图

步骤 3：点击“模板加入”可以在弹出的工具栏中设置主题、间距、基础字号等信息，如图 2-30 所示。同样可以在左侧的系统模板中选择自己喜欢的模板拖曳至编辑区，如图 2-31 所示。

图 2-30　基础设置页面截图

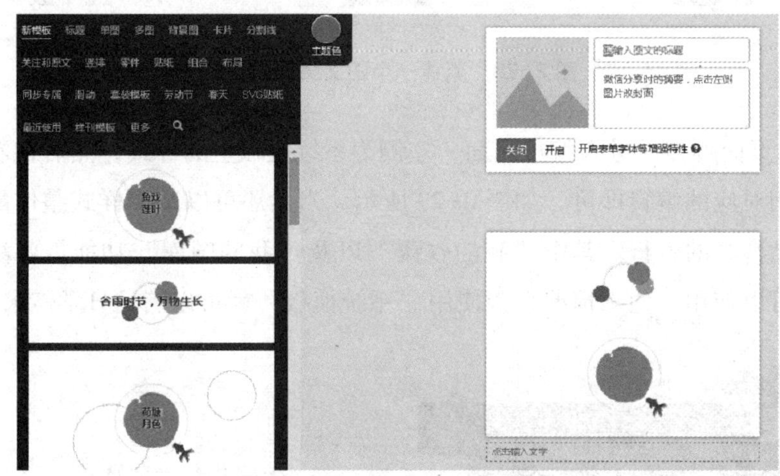

图 2-31　加入系统模板页面截图

步骤 4：点击“已加入的模板”，对模板进行个性化编辑，如图 2-32 所示。编辑效果如图 2-33 所示。

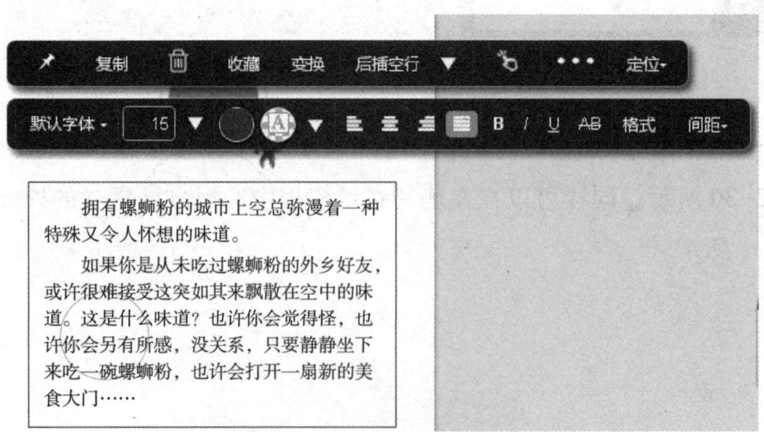

图 2-32　编辑模板页面截图

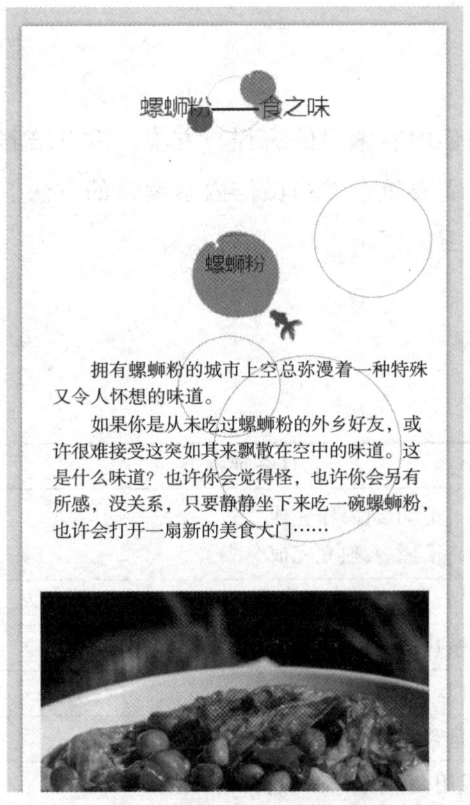

图 2-33　编辑后效果示例

步骤 5：编辑完成后，可在页面顶部进行“打开图文”“预览”“保存”“复制到微信公众号”“更多操作”等操作。选择“复制到微信公众号”（打钩图标），将编辑好的内容粘贴到微信的图文消息编辑器中即可，如图 2-34 所示。

图 2-34　将内容复制到微信公众号

步骤 6：将内容复制到微信公众号后，只要按照公众号后台相关操作发布图文消息即可。

通过以上操作，即可完成微信内容的编辑。在实际推广工作中，大家根据图文编辑的需求选择以上一种方式进行内容编辑即可。

任务总结

本小节主要讲解了微信内容编辑的流程与方法，重点培养学生微信内容编辑的能力。在学习过程中，学生需要重点掌握微信内容编辑的方法。该部分的学习难点是标题命名，需要学生重点学习。

任务评价

<table>
<tr><td colspan="6">任务评价表</td></tr>
<tr><td colspan="2">完成方式</td><td colspan="4">□小组协作完成
□个人独立完成</td></tr>
<tr><td colspan="5">评价点</td><td>分值</td></tr>
<tr><td colspan="5">对今日头条热门标题特点的归纳是否准确</td><td>20</td></tr>
<tr><td colspan="5">撰写的微信标题是否恰当</td><td>20</td></tr>
<tr><td colspan="5">是否完成微信图文编辑</td><td>30</td></tr>
<tr><td colspan="5">是否完成用微信编辑工具进行编辑图文</td><td>30</td></tr>
<tr><td colspan="6">总成绩：</td></tr>
<tr><td>自我
评价</td><td>（20%）</td><td>小组
评价</td><td>（20%）</td><td>教师
评价</td><td>（60%）</td></tr>
<tr><td colspan="6">存在的主要问题</td></tr>
<tr><td colspan="6"></td></tr>
</table>

延伸练习

背景交代：

针对广西恭城脆柿在“双十一”的优惠活动，选择本节学习的任意一种方式，将策划完成内容在微信公众号后台完成编辑并成功发布。

步骤分解：

①选择图文编辑排版方式；

②打开编辑后台，进行排版编辑，包含文字、配图、封面、链接等；

③编辑完成后进行图文群发。

任务四　微信营销数据监控

任务前导

在完成整体微信内容编辑并发布后，需要实时对微信营销数据展开监控，这样做的好处是能够及时获取微信公众号文章取得的营销效果，并可以针对数据监控结果，进行后续营销内容的优化。

任务实施

微信营销数据监控，可以分以下两个部分展开操作：微信营销数据收集、微信营销数据分析。

一、微信营销数据收集

步骤 1：搜索并登录微信公众平台。

步骤 2：查看发文的阅读数和点赞数。根据阅读数与点赞数能够初步知道图文受欢迎程度。

步骤 3：点击左侧导航栏统计栏目下的条目，包括用户分析、图文分析、菜单分析、消息分析。在这里点击“图文分析”，收集图文用户阅读人数及分享人数等数据，如图 2-35 所示。可以自行选择日期，查看该时段的用户阅读情况，如图 2-36 所示。

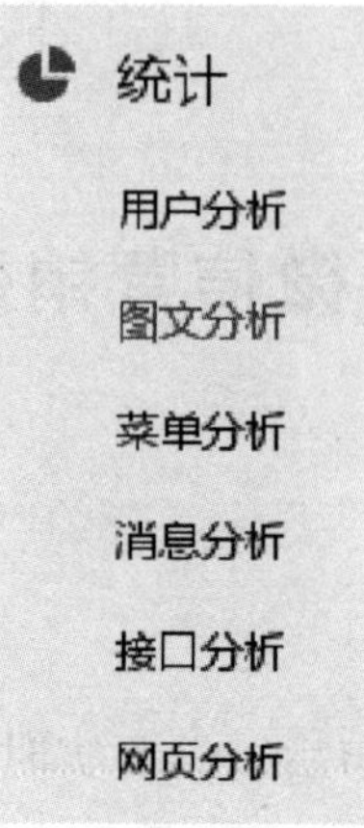

图 2-35　栏目列表页面截图

图 2-36　按时间查看

步骤 4：进入图 2-37 所示的页面，查看用户情况，包括关注人数变化、净增关注人数、累计关注人数、不同渠道来源人数情况等，如图 2-37 所示。对这些数据进行收集与整理。

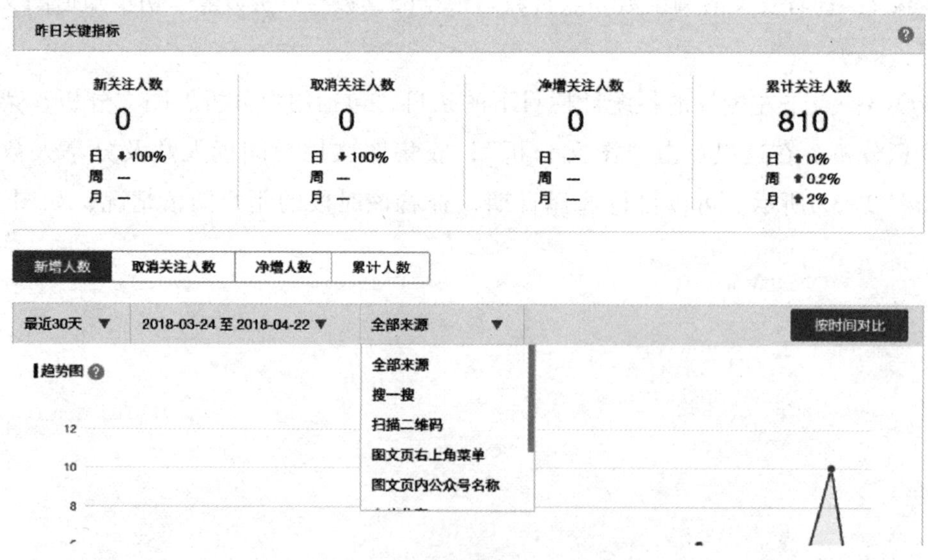

图 2-37　用户数据分析示例

结合步骤 1 至步骤 4 所集合的数据，能够分析出微信订阅号的总体人数变化和文章的阅读情况，根据这些情况的不同，采取相应措施。例如，文章阅读人数很少，则减少或取消这类文章的发送。

二、微信营销数据分析

步骤 1：收集用户数据。

在分析时，先根据公众号后台收集到的数据，完成下面表格的填写。

用户数据 1

新增关注总人数	取消关注总人数	净增关注人数	10 日关注人数罗列

用户数据 2

各部分新增人数	
公众号搜索	
扫描二维码	
图文页右上角菜单	
图文页内公众号名称	

表格填写完成后，可以直观地看到用户数据情况。新增人数与所发内容优质与否有很大关系，微信图文内容优质，则新增关注人数多。如果新增人数少，或者取消关注人数多，则要考虑更换公众号文章的选题、优化公众号文章的内容；如果新增人数多，则可以继续依据已有公众号的发文类型进行创作。

步骤 2：收集图文数据。完成下面表格的填写。

图文数据

图文送达人数	图文阅读人数	图文分享人数

图文数据直观反映了这篇图文的受欢迎程度，帮助小编挖掘用户潜在需求。

步骤 3：对数据进行不同维度的分析。

收集数据的目的是对数据进行有效分析，从而得出需要挖掘的需求。我们可以从不同维度分析数据，如分析图文打开的渠道，了解用户使用习惯；分析本周用户增长与图文发布数，了解公众号用户增长的动因；分析图文阅读数据，了解图文的转化率情况等。

基于源数据，我们可以根据目的自行建模分析，还可以借助一些公众号运营工具进行数据分析，如西瓜数据，如图 2-38 所示，可以对公众号进行数据诊断。

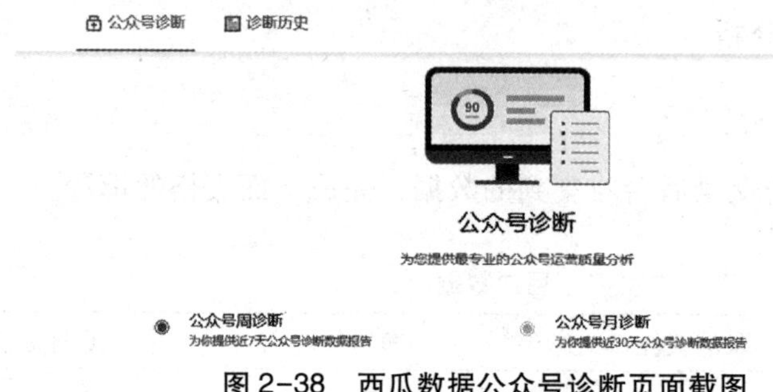

图 2-38 西瓜数据公众号诊断页面截图

步骤 4：分析总结。

通过数据监控，分析总结公众号运营策划的内容受众情况，了解此次内容营销是否成功，是否具有可复制性，还有哪些创意能够推动用户转化等。

任务总结

本小节主要讲解了微信营销数据监控的步骤与方法，培养学生在微信内容发布后的数据收集与分析能力。该部分的学习重点是营销数据的收集与分析，难点是营销数据的分析。

任务评价

任务评价表		
完成方式	□小组协作完成 □个人独立完成	
评价点		分值
针对发文的阅读数和点赞数是否收集到位		20
对用户分析、图文分析、菜单分析、消息分析的数据是否收集到位		20
用户数据分析是否合理、到位		30
图文数据分析是否准确		30

续 表

总成绩：					
自我评价	（20%）	小组评价	（20%）	教师评价	（60%）
存在的主要问题					

延伸练习

背景交代：

分析上节推送的广西恭城脆柿“双十一”优惠活动的图文，利用西瓜数据，再结合微信公众号后台数据，分析此次图文推送的用户转化情况。

步骤分解：

①通过百度搜索“西瓜数据”，进入“西瓜数据”账号后台；

②选择公众号诊断，添加微信公众号并进行诊断；

③选择阅读人数监控，了解公众号已发表图文的阅读人数；

④整理微信公众号后台图文打开数据，了解图文转化率；

⑤从不同维度分析此次图文推送的用户转化情况。

思政园地

微信公众号运营中的侵权风险

在微信公众号运营过程中，侵权风险是一个需要高度关注和防范的问题。

一、微信公众号运营中的侵权主要表现形式

①知识产权侵权：未经授权转载他人原创作品，包括文章、图片、视频等，或者篡改他人作品署名，均属于知识产权侵权行为。

②商业竞争侵权：利用他人商标、商业标识或者在未经授权的情况下发布虚假宣传信息，侵犯了他人的商业权益。

③个人隐私侵权：擅自披露他人的个人隐私信息，包括但不限于手机号码、家庭

住址、身份证号等，侵犯了他人的隐私权。

④声誉权侵权：发布虚假、诽谤或者恶意抹黑他人的言论，损害了他人的名誉和声誉。

二、微信公众号运营中侵权风险的防范

为了有效防范微信公众号运营中的侵权风险，我们可以采取以下措施。

①严格遵守法律法规：在创作和转载内容时，务必尊重他人的知识产权和其他合法权益，合法合规地获取和使用信息。

②加强版权意识：加强对知识产权保护的认识，尽量选择原创内容，并与内容提供者签订合适的授权协议。

③加强审核管理：建立严格的内容审核机制，及时发现和删除侵权内容，避免侵权行为对公众号造成不良影响。

④完善投诉处理机制：建立健全的投诉处理渠道，及时响应用户投诉，积极处理侵权事件。

通过以上措施的有效实施，可以最大限度地减少微信公众号运营中的侵权风险，保障公众号及其运营者的合法权益，促进微信公众号健康稳定地发展。

项目三　微博营销

学习目标

[知识目标]

1. 了解微博账号建立的流程；

2. 理解微博活动策划与实施的步骤；

3. 掌握微博运营技巧的内容。

[能力目标]

1. 能够独立进行微博账号的建立，包括头像、昵称、简介等设置；

2. 能够策划和实施有效的微博活动，包括活动主题、目标受众、推广方式和效果评估等；

3. 能够运用微博运营技巧提升账号影响力，如内容策划、互动管理、粉丝增长等。

[素养目标]

1. 培养学生对新媒体营销的热情和兴趣，认识到微博营销在现代商业中的重要地位；

2. 培养学生的创新思维和执行力，提升其在新媒体时代的综合素质；

3. 培养学生的信息素养，提高其在新媒体环境中的信息获取、筛选、分析和利用的能力。

案例导入

星巴克微博猫咪照

星巴克是全球知名的咖啡连锁品牌，一直寻求创新的方式来吸引顾客并与顾客互动。而微博作为中国最大的社交媒体平台之一，拥有数亿用户，为品牌提供了一个与目标受众直接接触的宝贵机会。

某天，一位星巴克的常客在杯子上放了一张猫咪的照片，并分享到了微博上。照片中的猫咪眼神清澈，表情可爱，正好奇地盯着手中的星巴克杯子。由于照片的趣味性，它迅速在微博上走红，获得了大量的转发和点赞。

策略与实施：

①发现机会：星巴克的市场团队敏锐地捕捉到了这一趋势，认识到这是一个与目标顾客互动的好机会。

②合作推广：星巴克与这位顾客取得了联系，并合作推广这只猫咪的照片。他们还鼓励粉丝们分享自己与星巴克的有趣故事，进一步提升了话题的热度。

③创意互动：星巴克还发起了名为“寻找身边的打卡猫”的活动，鼓励粉丝们分享自己遇到的有趣猫咪照片，增加了用户的参与度和互动性。

④奖励机制：对于分享优秀照片的粉丝，星巴克还提供了小礼品或优惠券作为奖励，进一步提升了用户的积极性。

效果与影响：

①微博账号粉丝数量大幅增长。

②品牌知名度和好感度得到提升。

③直接促进了星巴克的销售额增长。

④为其他品牌提供了一个成功的微博营销范例。

这个案例充分展示了微博营销的潜力和效果。通过与目标受众的互动、发布创意内容和策划有奖参与活动，星巴克成功地提升了品牌知名度和销售业绩。同时，它也证明了在新媒体时代，品牌需要不断创新和适应变化，才能与消费者建立深厚的情感连接。那么，微博营销究竟有何魅力，我们又该如何运用呢？接下来，让我们一起探讨微博营销的奥秘。

任务一　微博账号建立

任务前导

微博营销是指借助微博平台所具有的互动性、即时性和开放性等特点，为企业、个人等创造价值的一种营销方式，也可以理解为企业或个人通过微博平台发现并满足用户的各类需求的商业行为方式。那么，如何进行微博营销呢？接下来，我们将以一家经营广西特产罗汉果的网店为例，讲解微博营销的相关知识，本任务主要讲解微博账号的建立。

任务实施

微博账号的建立需要从两个方面展开操作：微博账号的申请和注册、微博个人信息的完善。

一、微博账号的申请和注册

微博账号的注册既可以在 PC 端也可以在移动端完成，二者申请步骤一样，现以网页端为例进行账号创建的讲解。

步骤 1：在浏览器中输入新浪微博的官方网址（https：//weibo. com），进入新浪微博官方网站。

步骤 2：在新浪微博首页，点击“立即注册”，如图 3-1 所示。

图 3-1　微博注册页面截图

步骤 3：进入填写资料页面，输入手机号码，设置账号密码，填写生日信息，点击“免费获取短信激活码”，输入手机收到的验证码，然后点击“立即注册”，如图 3-2 所示。

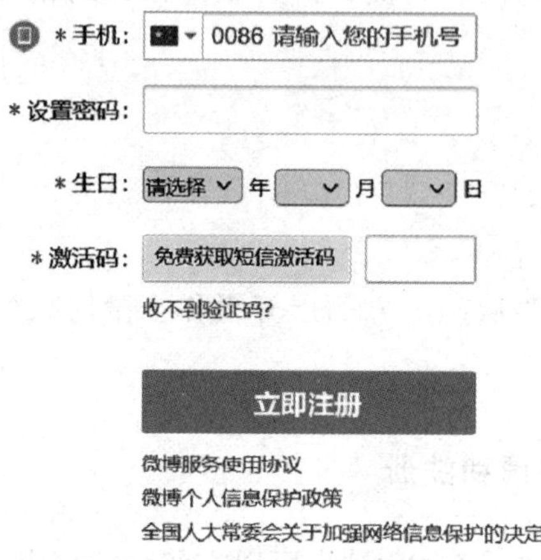

图 3-2 注册信息填写页面截图

步骤 4：进入页面后，填写昵称、生日、性别、所在地，点击“进入兴趣推荐”，如图 3-3 所示。

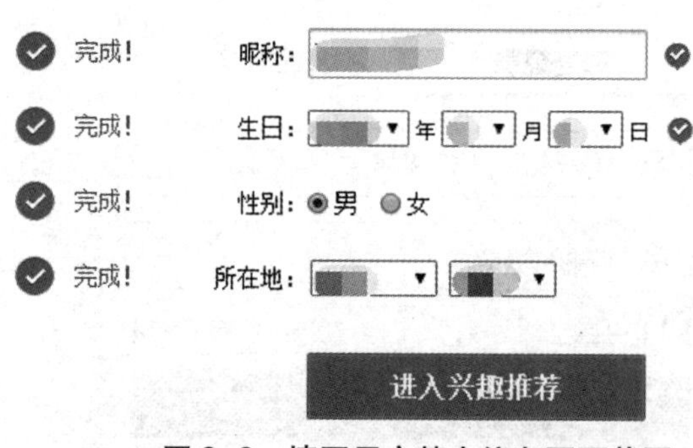

图 3-3 填写用户基本信息页面截图

步骤 5：进入兴趣推荐后，至少要选择 1 个兴趣才可以进入微博。选择个人感兴趣的板块，随后点击“进入微博”，如图 3-4 所示。

图 3-4　选择兴趣推荐页面截图

步骤 6：进入微博，需要点击“激活账号”，微博官方会给注册邮箱发一封邮件，点击激活链接才能成为正式的微博会员，这样才算真正拥有一个微博账号，如图 3-5 所示。

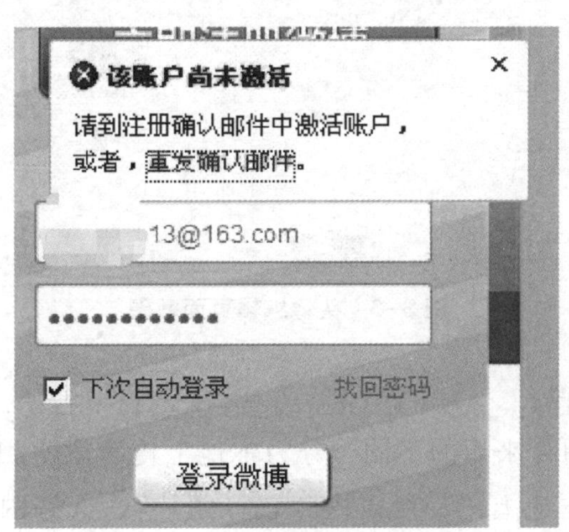

图 3-5　激活微博账号页面截图

二、微博个人信息的完善

在完成微博的注册后，紧接着是个人信息的完善。在个人信息的编辑中，头像、昵称、简介、标签是重要的信息内容，这些信息直接影响用户的信任度及关注度。

步骤 1：微博头像的设置。

微博头像是最能直接反映微博内容的个人信息之一。在设置微博头像时，如果是个人应尽可能地使用真实的个人照片或与产品相关的图片；如是企业，则应使用企业LOGO。微博头像设置的具体操作步骤如下。

步骤 1. 1：进入微博主页。

进入微博页面（https：//weibo. com)，输入账号、密码，点击“登录”进入微博主页。

步骤 1. 2：进入头像编辑页面。

点击微博页面右上角的“账号设置”，进入个人主页，点击微博头像，进入头像编辑页面，如图 3-6 所示。

图 3-6　头像编辑页面截图

步骤 1. 3：设置头像。

头像的设置根据图片来源的不同，分为本地上传和微博相册两种，其中本地上传最为常用。选择“本地上传”后点击“选择图片”，选好图片后，调整图片的位置，点击“确定”完成头像的设置。这里选择以营销产品罗汉果为头像，如图 3-7 所示。

步骤 2：微博昵称的设置。

微博昵称是用户对微博账号的第一印象，好的微博昵称不仅有助于吸引用户进入微博，用户也可以通过搜索昵称中的关键词查找到感兴趣的微博，从而增加微博的关

图 3-7　头像设置页面截图

注量。

设置以营销推广为目的的微博昵称时，需要注意两点：一是微博昵称与微博定位的统一，简而言之，就是通过微博昵称客户就能知道该微博的内容倾向；二是微博昵称简洁易记，不含生僻字符及特殊符号，便于用户的主动搜索，更易推广和传播，此处开通的微博账号是为线上店铺进行营销的账号，其中有几个关键词，如“广西水果”“罗汉果”等，结合这几个关键词，可将微博名称设置为“罗汉果时间”，如图 3-8 所示。

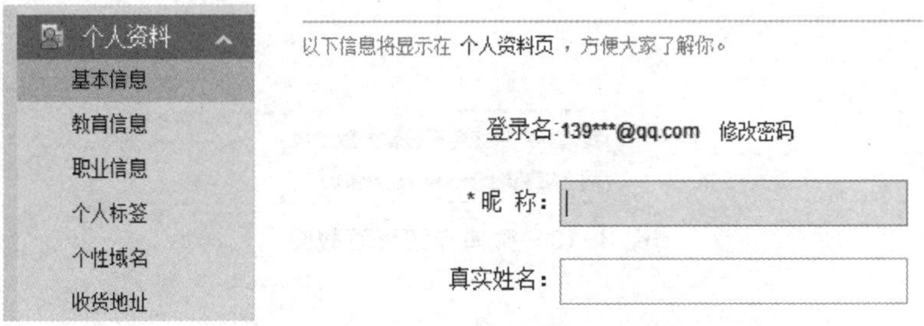

图 3-8　微博基本信息设置页面截图

步骤 3：个人标签的设置。

微博标签是微博用户可以自行设置的一种标识用户属性的词条。通过微博标签的这一特点，微博用户可以根据所经营产品的特点贴上相应的标签，以此吸引与产品特性相对应的用户并引发其关注，从而了解这些用户的需求。

设置标签关键词时，可以用有热度、有搜索量，或与自身产品和要营销的内容相关联的关键词，以此来提升关键词搜索排名，增加展现机会，从而达到涨粉的目的，如可设置广西水果、罗汉果等，如图 3-9 所示。

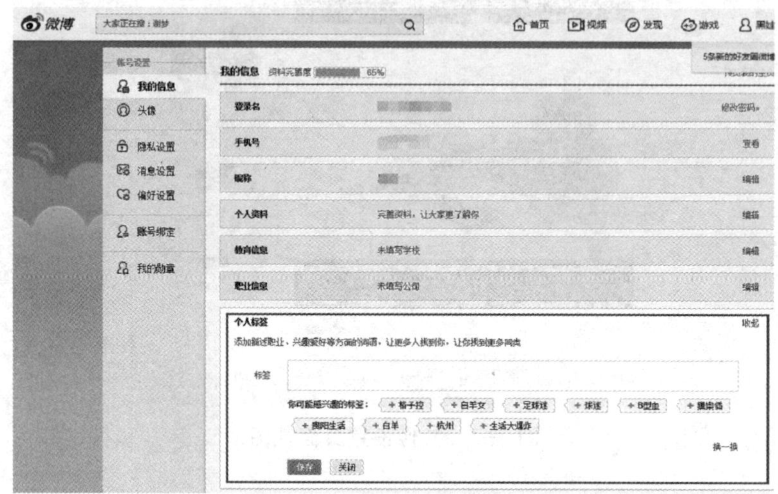

图 3-9　微博标签设置页面截图

步骤 4：填写微博介绍。

微博的简介就是对微博内容的简单介绍，在首页显示，是帮助用户了解微博的入口。但是，微博简介受到页面大小的限制，不能显示较多内容，所以在编写简介时尽可能用一句话说明微博的主题内容或进行自我介绍，以便用户阅读，例如，我们开通的微博主要以宣传网店的农产品为主，就可以在微博介绍中直接明了地体现，如图 3-10 所示。

图 3-10　微博介绍页面截图

任务总结

本小节主要讲解了微博账号的建立过程，致力于培养学生独立完成微博账号的建立及完善个人信息的能力。本节内容是微博运营的基础内容，在学习过程中，学生需要认真阅读教材，并完成实践操作。

任务评价

<table>
<tr><td colspan="6">任务评价表</td></tr>
<tr><td colspan="2">完成方式</td><td colspan="4">□小组协作完成
□个人独立完成</td></tr>
<tr><td colspan="5">评价点</td><td>分值</td></tr>
<tr><td colspan="5">微博账户注册是否成功</td><td>40</td></tr>
<tr><td colspan="5">微博头像及昵称设置是否恰当</td><td>30</td></tr>
<tr><td colspan="5">微博标签设置是否完善</td><td>10</td></tr>
<tr><td colspan="5">微博简介是否恰当</td><td>20</td></tr>
<tr><td colspan="6">总成绩：</td></tr>
<tr><td>自我
评价</td><td>（20%）</td><td>小组
评价</td><td>（20%）</td><td>教师
评价</td><td>（60%）</td></tr>
<tr><td colspan="6">存在的主要问题</td></tr>
<tr><td colspan="6"></td></tr>
</table>

任务二　微博活动策划与实施

任务前导

微博活动主要是通过现金或者实物的奖励来吸引用户参与活动，从而达到账号推广、增加用户关注数、推广产品或服务的目的。本节将通过具体的活动设计来实现广西罗汉果的微博营销，这里需要提前对微博活动的各项细则进行策划，以便顺利实施营销活动。

任务实施

微博活动策划与实施，将从微博活动策划、微博活动实施两个方面展开。

一、微博活动策划

活动实施需要有活动方案的支撑，具体策划步骤包括以下 4 步。

步骤 1：明确活动目的。

在进行微博活动策划前，首先需要明确微博活动的目的，一般来讲微博活动的目的有产品推广、品牌推广、吸引用户关注等，微博用户需要结合自己的具体情况，来确定微博活动的目的。

微博账户“罗汉果时间”博主策划活动旨在提高“罗汉果时间”的用户关注数，并进一步推广罗汉果网店。

步骤 2：确定活动主题。

微博活动的主题简单来说就是微博活动的题目，设置微博活动主题的目的是营造一个更好的活动氛围，吸引用户积极地参与微博活动，因此微博活动的主题要紧扣用户的兴趣点，突出活动内容和奖励机制，引发用户好奇心，激发其参与热情。

结合具体的活动目的及罗汉果本身甘甜清香的特质，将本次活动主题定为“甜蜜的事业——罗汉果、现金免费送活动”。

步骤 3：确定活动时间。

在确定了微博活动的主题后，就需要确定微博活动的时间，为了保证微博活动的质量，需要制定合理的活动时间。微博活动的时间不宜过长也不宜过短，如果时间过长，用户会对活动失去新鲜感，而时间过短又会导致参与活动的粉丝数量偏少，因此选择恰当的活动时间，是微博活动成功的保证。

考虑到“罗汉果时间”是新账号，用户数量少，为了扩大传播时间和范围，所以将活动时间延长并拆分为两个时间段：从 8 月 12 日活动开始截至 8 月 16 日，进行第一次抽奖活动；截至 8 月 27 日，进行第二次抽奖活动。

步骤 4：编写活动内容。

在明确了微博活动的目的、主题、时间后，就需要通过微博活动的内容来实现活动的目的。如果微博活动的目的是产品推广，那么活动内容应该紧扣产品，将产品作为奖品；如果微博活动的目的是吸引粉丝关注，那么活动内容可以是关注抽奖或是关注有奖等。

“罗汉果时间”旨在推广网店的罗汉果，并进一步吸引粉丝关注，其活动内容分别从产品罗汉果及现金券着手，具体包括以下两点。

①从转发并关注“罗汉果时间”的用户中抽取 25 位幸运用户，赠送店铺上架的罗

汉果一盒，如图 3-11 所示。

图 3-11　罗汉果赠品示例

②从转发“罗汉果时间”微博并关注的用户中抽取 15 位幸运用户，赠送价值 25 元的店铺无门槛现金券。

综合上述内容，可以得出此次微博活动的具体事项，如下表所示。

活动名称	平台	活动时间	奖品内容	数量	备注
甜蜜的事业——罗汉果、现金免费送	微博	截至 8 月 16 日	赠送罗汉果一盒	25 位	已中奖用户不重复参与抽奖
		截至 8 月 27 日	赠送价值 25 元的店铺无门槛现金券	15 位	

二、微博活动实施

微博活动的各项内容策划完成后，接下来进入实施工作环节，具体步骤包括以下 5 步。

步骤 1：微博活动内容编辑。

登录微博，编辑微博活动内容，注意活动内容应图文并茂，将要营销的产品罗汉果进行展示，因有网店现金券，还可将网店链接附上。如图 3-12、图 3-13 所示。

图 3-12　微博发布页面截图

#甜蜜的事业 罗汉果、现金免费送活动#罗汉果是食药同源植物，在中国已经有数百年的食用和药用历史，其果实味甘、性微凉，具有清肺止咳、利咽、生津止渴、润肠通便之疗效，被誉为“东方神果”。
转发+关注@罗汉果时间，截至8月16日，抽取25位幸运用户，赠送店铺罗汉果一盒
截至8月27日，抽取15位幸运用户，赠送价值25元的店铺无门槛现金券
网店链接
160
表情 图片 视频 话题 头条文章 公开 发送

图 3-13 微博内容编辑示例

步骤 2：活动发布。

活动发布时，要注意发送的时间，即在用户最活跃的时间段发送，以达到活动内容曝光度的最大化。为了避免被微博海量信息淹没，此次微博活动选择在 21：00—22：00 发布，此时大多数用户进入休闲放松状态，更乐于接受轻松的信息。具体的活动发布详情如图 3-14 所示。

10秒前 来自 微博 weibo.com
#甜蜜的事业 罗汉果、现金免费送活动#罗汉果是食药同源植物，在中国已经有数百年的食用和药用历史，其果实味甘、性微凉，具有清肺止咳、利咽、生津止渴、润肠通便之疗效，被誉为“东方神果”。
转发+关注@罗汉果时间，截至8月16日，抽取25位幸运用户，赠送店铺罗汉果一盒
截至8月27日，抽取15位幸运用户，赠送价值25元的店铺无门槛现金券
网店链接 60个野生罗汉果广西桂林永福特产凉茶散装干果... 收起全文

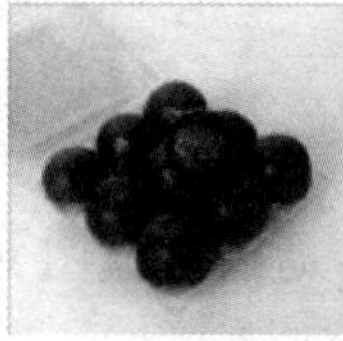

图 3-14 微博活动发布示例

步骤 3：邀请转发，加大宣传力度。

微博活动发布后，积极邀请微博粉丝数量大的用户转发，加大活动宣传力度。

步骤 4：活动结束，进行抽奖。

微博内容发布后，在活动截止日期，进入奖品设置页面，根据活动策划的奖项设

置内容并点击抽奖，如图 3-15、图 3-16 所示。

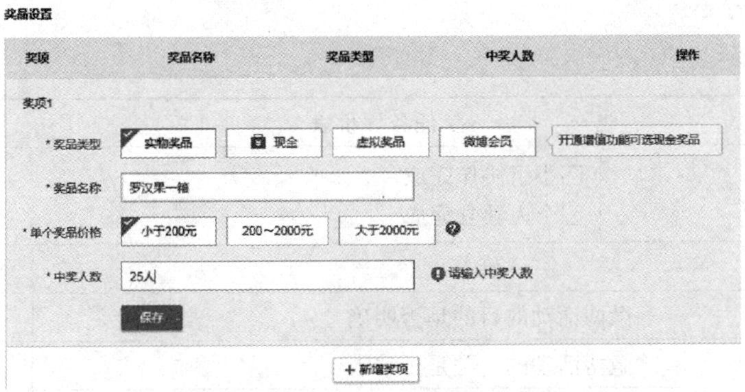

图 3-15　微博奖品设置页面截图

图 3-16　微博抽奖中心基本设置页面截图

步骤 5：发布获奖名单并发放奖品。

确定了获奖名单，私信获奖人员后，还应在微博发布获奖人员名单。一方面证实活动真实有效，另一方面可以与用户进行互动，增强微博影响力，为下次活动的开展创设有利条件。

任务总结

本小节主要讲解了微博活动策划与实施，通过本小节的学习，学生能够了解微博活动策划及实施的具体步骤。在学习过程中，学生要认真阅读教材，并完成实践操作。

任务评价

<table>
<tr><td colspan="6">任务评价表</td></tr>
<tr><td colspan="2">完成方式</td><td colspan="4">□小组协作完成
□个人独立完成</td></tr>
<tr><td colspan="5">评价点</td><td>分值</td></tr>
<tr><td colspan="5">微博活动的目的是否明确</td><td>20</td></tr>
<tr><td colspan="5">微博活动的主题是否清晰</td><td>20</td></tr>
<tr><td colspan="5">是否完成微博活动内容编写</td><td>20</td></tr>
<tr><td colspan="5">是否完成微博活动实施</td><td>40</td></tr>
<tr><td colspan="6">总成绩：</td></tr>
<tr><td>自我
评价</td><td>（20%）</td><td>小组
评价</td><td>（20%）</td><td>教师
评价</td><td>（60%）</td></tr>
<tr><td colspan="6">存在的主要问题</td></tr>
<tr><td colspan="6"></td></tr>
</table>

延伸练习

背景交代：

广西螺蛳粉可以说是现今的“网红”产品，小刘的网店经营某品牌螺蛳粉，但近两个月来，店内螺蛳粉订单增长乏力，小刘想策划一场微博活动，通过活动宣传品牌的同时，进一步提升螺蛳粉销量。

步骤分解：

①结合网店情况，明确通过微博活动想要达到的目的；

②进一步确定活动主题和活动具体时间；

③按照微博发文规范，编写活动内容；

④完成微博活动内容的发布。

任务三　微博运营技巧

任务前导

微博运营是现代企业营销中不可或缺的一环，通过微博平台可以实现品牌推广、粉丝互动、营销活动等多种目标。然而，要想在微博上取得好的效果，仅发布一些内容是远远不够的。本节将介绍一些微博运营的技巧和策略，帮助你更好地进行微博运营，提升品牌影响力和用户黏性。

任务实施

微博运营技巧，可以从内容技巧、互动技巧两个方面展开。

一、微博运营内容技巧

内容是微博运营的核心，要想吸引更多的粉丝和用户，就需要有优质的内容。在制定内容策略时，可以结合品牌定位和目标受众，选择合适的话题、图片、视频等形式，保持内容的新鲜度和多样性。同时还要注意发布时间的选择，根据用户活跃时间段进行调整，提高内容的曝光率和传播效果。

1. 明确定位和目标受众

首先需要明确自己的品牌定位和目标受众，了解他们的需求和兴趣爱好，从而制定相应的内容策略。例如，如果品牌定位为年轻人时尚品牌，那么内容应该以时尚、潮流、生活为主题，同时要针对年轻用户的口味进行调整。

2. 制订内容计划

根据自己的定位和目标受众，制订一个长期的内容计划，包括发布时间、发布频率、发布形式等。要注意避免过度发布或发布不足的情况，保持适度的更新频率。

3. 选择合适的话题和图片

话题是微博内容的重要组成部分，可以吸引更多的用户参与互动。要选择与品牌相关的话题，并结合当前热点事件进行创新，提高话题的关注度和传播效果。同时，图片也是微博内容的重要形式之一，要选择高质量、有吸引力的图片，配合文字描述，提升用户体验。

4. 保持内容新鲜度和多样性

要想吸引更多的粉丝和用户，就需要保持内容的新鲜度和多样性。可以通过多种方式实现，如定期更换话题、发布原创文章、联合合作伙伴进行活动等。

5. 注意数据分析和优化

在发布内容后，要及时对数据进行分析和优化。通过分析转发量、评论量、点赞量等指标，了解用户对内容的反应，从而不断优化内容策略，提高内容质量和传播效果。

二、微博运营互动技巧

微博是一个社交平台，要想获得更多的关注和转发，就需要与粉丝和用户进行积极的互动。在制定互动策略时，可以采用一些常见的方法，如定期发布问答、抽奖活动等，引导用户参与互动；及时回复用户的评论和私信，增加用户黏性；与其他大号或媒体进行合作，扩大品牌影响力等。通过这些互动策略，可以有效地提高粉丝数量和用户满意度，进而提升品牌形象和销售额。

1. 定期发布问答活动

在微博上发布一些有趣的问答话题，引导用户参与互动。例如，“你心目中的理想旅游目的地是哪里?”“你觉得哪种穿搭风格最适合夏天?”等。通过这种方式，可以吸引更多的用户参与，同时也可以了解用户的需求和兴趣爱好。

2. 及时回复用户的评论和私信

及时回复用户的评论和私信，可以增加用户的黏性，让用户感受到来自品牌方的关怀和重视。要尽可能快地回复用户的问题和反馈，保持良好的沟通和互动。

3. 利用热门话题进行互动

在当前热点事件或话题下积极参与讨论，与用户进行交流和互动。可以通过发布相关的内容、转发其他用户的评论等方式来参与讨论，提高品牌曝光率和知名度。

4. 与其他大号或媒体进行合作

与其他大号或媒体进行合作，扩大品牌的影响力和曝光率。可以通过联合发布文章、举办线上活动等方式进行合作，共同推广品牌。

5. 定期举办抽奖活动

在微博上定期举办抽奖活动，吸引更多的用户参与互动。可以选择一些有吸引力的奖品，如优惠券、礼品卡、免费试用等，提高用户的参与热情和转化率。

任务总结

本小节主要讲解微博运营技巧，通过本小节的学习学生能够掌握微博运营技巧。在学习过程中，学生要认真阅读教材，并完成实践操作。

任务评价

<table>
<tr><th colspan="6">任务评价表</th></tr>
<tr><td colspan="2">完成方式</td><td colspan="4">□小组协作完成
□个人独立完成</td></tr>
<tr><td colspan="5">评价点</td><td>分值</td></tr>
<tr><td colspan="5">对微博运营技巧的认知是否准确</td><td>20</td></tr>
<tr><td colspan="5">是否掌握微博运营内容技巧</td><td>40</td></tr>
<tr><td colspan="5">是否掌握微博运营互动技巧</td><td>40</td></tr>
<tr><td colspan="6">总成绩：</td></tr>
<tr><td>自我
评价</td><td>（20%）</td><td>小组
评价</td><td>（20%）</td><td>教师
评价</td><td>（60%）</td></tr>
<tr><td colspan="6">存在的主要问题</td></tr>
<tr><td colspan="6"></td></tr>
</table>

思政园地

一、微博账号建立的注意事项

在建立微博账号的过程中，我们不仅要关注账号的注册与设置，更要注重网络道德意识和法律意识。微博作为公共社交平台，其账号发布的言论代表着个人或组织的形象。因此，我们要树立正确的网络观念，遵守网络秩序，文明上网，不发布或转发不良信息，维护网络空间的清朗。同时，我们也要强调账号的个性化与特色化，在建立账号时能够展现自己的风格和特点，体现积极向上的精神风貌。

二、微博活动策划与实施的注意事项

微博活动策划与实施是一项富有挑战性和创造性的工作。在这个过程中，我们要培养创新思维能力、团队协作精神和责任意识。通过策划与实施富有创意的微博活动，关注社会热点，传递正能量，弘扬社会主义核心价值观。同时，我们也要强调活动的合规性与道德性，确保活动符合法律法规和社会道德规范，不损害他人利益，不违背公序良俗。

三、微博运营技巧的注意事项

微博运营技巧的学习不仅是技术层面的提升，更是对职业素养和道德品质的培育。在运营微博时，我们要遵循诚实守信的原则，真诚与粉丝互动，提供有价值的内容和服务。同时，我们也要注重数据分析能力和市场洞察力的培养，能够根据用户需求和市场变化灵活调整运营策略，提升微博账号的影响力和传播力。

四、总结

通过本项目的学习，我们要注意增强网络道德意识和法律意识，培育职业素养和道德品质，能够在新媒体时代中自觉遵守网络秩序，文明上网，积极传播正能量，为构建清朗的网络空间贡献自己的力量。同时，我们也希望通过本项目的实践，提升学生创新思维能力、团队协作精神和责任意识，为学生的个人成长和职业发展打下坚实的基础。

项目四 H5的应用

学习目标

［知识目标］

1. 了解H5概念及发展历程；
2. 了解H5的类型；
3. 了解H5的价值；
4. 掌握H5的构成要素；
5. 掌握H5的制作。

［能力目标］

1. 提高新媒体运营H5素材的收集能力；
2. 提高新媒体运营H5工具的使用能力；
3. 具备各种类型H5的制作能力。

［素养目标］

1. 培养学生的新媒体运营思维；
2. 培养学生的互联网敏感度。

案例导入

2021年，人民日报发布的“美好生活长卷”H5作品，旨在纪念祖国发展的迅速及人民生活的美好瞬间并展望未来。用户可以通过滑动屏幕浏览长图，点击亮点查看人物独白，了解我国的护林成就、农村电商、航天事业发展等方面的内容。这个H5作品设计精美，内容丰富，给用户带来了沉浸式的体验。

任务一 H5 概述

任务前导

新媒体运营 H5 是一种新型的开放式应用平台，它可以在不同的终端上运行，如在智能手机、PC 端、智能电视等设备上运行。因此，新媒体运营 H5 被认为是未来应用的重要方向。那么新媒体运营 H5 到底是什么？新媒体运营 H5 的特点有哪些？本节将围绕以上问题，展开讲解。

任务实施

新媒体运营 H5 结合了微信、支付宝、自然语言处理等技术。H5 是一种基于网页技术实现的应用程序，具有轻量级、兼容性强、开发维护成本低等优点。通过 H5，用户可以快速地实现互联网上的信息交互，并保持更加快速、便利的体验。图 4-1 展示了易企秀 H5 制作平台。

图 4-1 易企秀 H5 制作平台首页截图

要充分理解什么是新媒体运营 H5，则需要从以下三个部分展开学习：H5 的概念及发展历程、H5 的类型和 H5 的价值。

一、H5 的概念及发展历程

1. H5 的概念

H5 这个词是“HTML5”的简写。

H5 有广义和狭义之分。广义的 H5 是指第五代的“超文本标记语言”，H5 应用广泛，所有通过浏览器打开的网页，都有可能使用了 H5 的技术。狭义的 H5 主要应用于新媒体领域，指互动形式的多媒体广告页面，在朋友圈看到的音乐相册、邀请函、分享的测试、小游戏都属于狭义的 H5，如图 4-2、图 4-3 所示。

图 4-2　易企秀 H5 会议邀请函示例

图 4-3　易企秀 H5 互动小游戏示例

2. H5 的发展历程

H5 的发展历程可以追溯到 20 世纪 90 年代，当时 HTML（HyperText Markup Language，超文本标记语言）的第一个版本被推出。随着互联网的快速发展，HTML 也在不断演进，并于 1997 年形成了 HTML4. 01 的版本，成为互联网的通行标准。

进入 21 世纪，随着移动互联网的兴起，HTML 开始面临一些挑战。为了更好地适应移动设备和其他新型设备的需要，W3C（World Wide Web Consortium，万维网联盟）开始推动 HTML 的演进，并在 2014 年发布了 HTML5 的最终规范。

H5 的发展历程中，有以下四个重要的里程碑。

①2004 年，Web Applications 1.0（后改名为 HTML5）草案被 WHATWG（Web Hypertext Application Technology Working Group，Web 超文本应用技术工作组）提出。

②2007 年，W3C 接纳了 HTML5，并成立了新的 HTML 工作团队。

③2012 年 12 月 17 日，万维网联盟（W3C）正式宣布 HTML5 规范已经正式定稿。

④2013 年 5 月 6 日，HTML5. 1 正式草案公布。

H5 的发展历程表明，它是一种不断演进的互联网技术标准，旨在更好地适应新型设备和用户需求。H5 的出现使得网页开发变得更加便捷和高效，推动了互联网技术的进步和发展。

二、H5 的类型

H5 是新媒体营销的重要方式，用于新媒体营销的 H5 主要是指在微信公众号或朋友圈等新媒体平台传播的 H5 应用小程序。不同类型的 H5 在营销方面有着不同的优势。新媒体中常见的 H5 可划分为展示型、互动型、营销型、高精尖型等类型。

1. 展示型 H5

展示型 H5 的操作较为简单，用户仅需通过滑动、点击、放大缩小浏览 H5 页面即可。最常见的展示型 H5 就是长图滑动 H5，整体体验就像将多张宣传海报拼凑在一起，简明扼要地向用户传递信息，包含图文、视频、跳转链接等多种信息格式。

图 4-4 展示了由雀巢出品的 H5 案例，旨在通过 H5 向用户介绍 2021 雀巢大中华区卓越创新奖活动，并邀请用户报名参与。H5 页面采用扁平插画风格，由纯色图形组成的插画，画面简洁干净，清晰明了地向用户介绍了活动信息。

图 4-4　雀巢 H5 示例

2. 互动型 H5

互动型 H5 就是 H5 小游戏，拥有丰富的游戏玩法和页面交互形式，用户体验 H5 就像在玩一个游戏，有很强的互动性。互动型 H5 最容易刷屏朋友圈，像我们在微信中刷到的消消乐、跳一跳、叠叠乐、合成大西瓜等，都属于互动型 H5。

巴拉巴拉服装企业为迎合返校季营销热点，特地开展了线上优惠券发放活动，以跳一跳 H5 游戏的形式来投放优惠券。H5 页面以黄色为主题背景，多种人物角色可供用户选择，用户反响很好，用户有了很好的游戏体验，既有趣又能得奖，如图 4-5 所示。

图 4-5　巴拉巴拉 H5 示例

3. 营销型 H5

营销型 H5 没有固定的游戏玩法，重要的是 H5 中的积分获取、奖励兑换、抽奖、发红包等元素，整体流程就是参与游戏、转发分享、兑换奖励。

图 4-6 展示了由美的为品牌会员日营销活动出品的 H5 案例，邀请用户参与套圈 H5 游戏，套圈成功即可获取礼品奖励，通过转发分享可获取额外的游戏机会，是一套标准的营销活动流程。

4. 高精尖型 H5

高精尖型 H5 是在 H5 技术的基础上，额外融入其他技术的 H5，如 3D 引擎、物理引擎、VR、AR、重力感应等，能够给用户带来更炫酷的体验。

图 4-6　美的 H5 示例

图 4-7 展现了由光大银行出品的牛气冲天 H5 游戏案例，采用重力感应技术，让用户通过左右倾斜手机来控制方向，让游戏角色自下而上跳跃上升。

图 4-7　光大银行 H5 示例

以上就是 H5 中常见的四大类型，四类 H5 之间没有直接的好坏比较，只能说在特定 H5 营销活动中，某一类型的 H5 更为适合。

三、H5 的价值

H5 的价值主要体现在以下几个方面。

①跨平台性和灵活性。H5 技术可以适应各种不同的设备和浏览器类型，具有跨平台性和灵活性，能够满足用户在不同场景下的需求。

②丰富的交互性和功能。H5 提供了丰富的交互特性和功能，如触摸事件、地理位置信息、音视频等，使用户可以更加自然和直观地与网页进行交互，提升用户体验。

③语义化和可读性。H5 采用了更加语义化的标签，使网页的结构更加清晰和易于理解，有助于提高网页的可读性和可访问性。

④更好的性能和兼容性。H5 采用了更高效的二进制格式，使得网页加载速度更快，提升了用户体验。同时，H5 还具有更好的兼容性，可以在不同的浏览器和设备上获得一致的显示效果。

⑤营销和推广价值。H5 页面可以作为营销和推广的工具，通过创意的设计和互动功能吸引用户，增加品牌曝光度和用户参与度。

⑥增强现实和虚拟现实的应用价值。H5 技术可以用于增强现实和虚拟现实的应用开发，提供更加沉浸式的体验，提升用户的互动性和参与感。

综上所述，H5 的价值体现在其跨平台性和灵活性、丰富的交互性和功能、语义化和可读性、更好的性能和兼容性、营销和推广价值以及增强现实和虚拟现实的应用价值等方面。

任务总结

本小节主要讲解了 H5 的概念以及 H5 的特点，致力于让学生认知和了解 H5 的相关知识。本小节学习内容较为简单，学生主要以认知和理解为主。

任务评价

任务评价表	
完成方式	□小组协作完成 □个人独立完成

续 表

评价点					分值
对 H5 概念的认知是否准确					30
是否能够区别 H5 的四种类型					40
是否能够理解 H5 的价值					30
总成绩：					
自我评价	（20%）	小组评价	（20%）	教师评价	（60%）
存在的主要问题					

任务二　H5 的设计要素

任务前导

随着移动互联网的迅速发展，H5 技术越来越受到关注。H5 页面设计不仅可以提高页面的实用性，还可以使用户对页面产生更加深刻的印象。下面将介绍 H5 页面设计的主要要素，包括图文设计、色彩设计、影音设计等方面。

任务实施

H5 的设计要素，需要从三个方面展开介绍：图文设计、色彩设计和影音设计。

一、图文设计

H5 图文排版有哪些设计技巧？大家都知道 H5 页面由文本和图片等基本元素组成，因此，好的 H5 图文排版构图可以使我们的 H5 页面制作更出色，乃至对宣传策划会具有事半功倍的效果。下面讲解几种普遍的 H5 构图。

1. 步骤文件目录样式

假如你需要展现各流程的内容，用其他方式总觉得不足，那么，推荐你用步骤文件目录式的构图来开展设计。这类构图方法可以将流程，以及每个连接点和总体清晰地展现出来，配合图片展示，一个枯燥乏味的步骤一瞬间变得个性化。

2. 居中型设计

在内容很少的状况下，采用垂直居中的构图，能够让大家的视野集中在页面中间，能够让全部 H5 网页看起来更为精美简约。这类构图方法应用十分广泛，基本上适合各类型的 H5，如图 4-8 所示。

图 4-8 居中型设计的 H5 邀请函示例

3. 宣传海报式设计

H5 图文排版中宣传海报式设计，一般是一张图片遮盖全部显示屏，再加一些文本题目作为装点，实际效果更类似大家平常见到的一些宣传海报，十分有视觉效果，如图 4-9 所示。

图 4-9　宣传海报式设计的 H5 示例

4. 蒙版的应用

蒙版通常在背景色复杂的情况下应用广泛，其核心方法是插入形状，并确保这些形状的色调与背景中的色调相协调，这样既能保持图片的整体性，又能使文本更加清晰易读。许多 H5 页面制作都采用了这种平板式设计，蒙版的应用在其中起到了至关重要的作用。如图 4-10 所示。

图 4-10　应用蒙版设计的 H5 示例

5. 图形的应用

大家经常可以看到许多图形元素，简易的三角形、方形、正方形和环形，乃至两根线框就可以构成许多简约的图形，适度地应用几何图形可以使 H5 图文排版页面产生节奏性。图形构图常见于企业宣传或产品简介 H5，能够给人一种很明显的干净整洁感和商务感。一般来说，图形的应用设计常采用单色块状与渐变色的搭配，重点在于凸显其形状与区块布局，从而增强视觉效果和层次感。如图 4-11 所示。

图 4-11　应用图形设计的 H5 示例

关于 H5 图文设计的方法多种多样，不同的方法会体现出不同的风格与氛围，可以根据实际所需要表达的内容进行选择。

二、色彩设计

1. 配色方案

H5 的配色方案需要根据不同的应用场景和目的来设计。以下是一些常见的配色方案。

①单色方案：使用一种颜色作为主色调，通过深浅、明暗、饱和度的变化来创造层次感和视觉效果。这种配色方案简单、易记，容易与品牌形象保持一致。

②对比色方案：使用对比鲜明的颜色来突出重点内容和吸引用户注意力。对比色可以通过色相对比、明度对比和饱和度对比等方式来实现。

③近似色方案：使用相近的颜色来营造和谐、自然的视觉效果。这种配色方案通常用于创造温馨、舒适、自然的氛围。

④冷暖色方案：使用冷色和暖色的对比来创造强烈的视觉冲击力。这种配色方案通常可以传递出激情、活力、兴奋等。

⑤渐变色方案：使用渐变色来创造动态和流动的感觉。这种配色方案通常用于强调某个特定内容或品牌特色。

2. 配色要点

以下是一些配色要点。

①根据品牌形象和目标受众选择适当的配色方案。

②保持色彩的一致性和统一感，避免过于花哨和混乱的配色方案。

③考虑色彩的心理学意义，选择能够引起情感共鸣的颜色。

④注意色彩的对比度和明度，确保在各种设备和屏幕分辨率上都能正确显示。

⑤在设计过程中不断进行色彩调整和优化，以达到最佳的视觉效果和用户体验。

总之，H5 的配色方案需要根据具体的应用场景和目的来设计，选择适当的颜色和配色方案能够提高用户体验和品牌形象。

三、影音设计

H5 的影音设计是指通过视频、音频和动画等多媒体元素来增强 H5 页面的表现力和用户体验。以下是 H5 影音设计的要点。

①视频内容：选择适合页面主题和目的的视频内容，可以是产品展示、品牌宣传、用户案例等。注意视频的质量和清晰度，确保在各种设备和网络环境下都能流畅播放。

②背景音乐：选择适合页面主题和情感的背景音乐，可以营造出不同的氛围。注意音乐的节奏和音量，避免干扰用户浏览和操作。

③音效：合理使用音效可以增强页面的交互性和沉浸感。例如，点击、滑动等操作可以使用适当的音效，提升用户体验。

④动画效果：适当的动画效果可以增强页面的动态感和视觉效果。注意动画的流畅性和自然感，避免过于复杂和卡顿。

⑤适应性：确保影音元素在不同设备和屏幕分辨率上都能够正常播放和显示。

总之，H5 影音设计在 H5 页面中具有重要的作用，它能够增强页面的表现力和用户体验，提高信息传递的效率和品牌形象。在 H5 页面设计中，应该注重影音元素的选择和应用，以创造出更好的用户体验和价值。

任务总结

本小节在讲解 H5 概述的基础上，进一步讲解 H5 的设计要素，加深学生对 H5 相关知识的理解。

任务评价

<table>
<tr><th colspan="6">任务评价表</th></tr>
<tr><td colspan="2">完成方式</td><td colspan="4">□小组协作完成
□个人独立完成</td></tr>
<tr><td colspan="5">评价点</td><td>分值</td></tr>
<tr><td colspan="5">对 H5 设计要素的认识是否到位</td><td>40</td></tr>
<tr><td colspan="5">对 H5 图文设计的认识是否到位</td><td>20</td></tr>
<tr><td colspan="5">对 H5 色彩设计的认识是否到位</td><td>20</td></tr>
<tr><td colspan="5">对 H5 影音设计的认识是否到位</td><td>20</td></tr>
<tr><td colspan="6">总成绩：</td></tr>
<tr><td>自我评价</td><td>（20%）</td><td>小组评价</td><td>（20%）</td><td>教师评价</td><td>（60%）</td></tr>
<tr><td colspan="6">存在的主要问题</td></tr>
<tr><td colspan="6"></td></tr>
</table>

任务三　H5 的制作工具

任务前导

复杂的 H5 制作需要借助代码实现，操作难度大，简单的 H5 可以借助 H5 设计平台的模板进行快速简单的设计。一般的展示型、场景型及简单的互动型 H5 都可以使用设计平台的模板制作。

任务实施

一、工具简介

H5 制作平台有易企秀、兔展、MAKE、凡科互动、微信公众平台等，借助平台可以完成对 H5 的无代码制作，支持添加图片，设置图片动画效果、修改字体、添加音乐等功能。下面介绍几款常用平台及其特点。

①易企秀：一款简单易用、功能齐全的 H5 页面制作工具，可以满足广大用户的需求。

②兔展：一个简单易用的 H5 页面制作工具，提供丰富的模板和编辑器，支持多种设备和平台，可以快速创建出美观的 H5 页面。

③凡科互动：一个综合性的 H5 制作平台，提供多种模板和编辑器，支持多种社交媒体和平台，可以快速创建互动性强、易于分享的 H5 页面。

④MAKE：一个在线的 H5 页面制作工具，提供丰富的模板和编辑器，支持多种平台和设备，可以轻松创建具有交互性和动画效果的 H5 页面。

⑤微信公众平台：提供丰富的 H5 页面制作工具和模板，用户可以在平台上轻松创建和发布 H5 页面，支持微信内嵌和分享，适用于微信营销和推广。

二、制作过程

1. 使用易企秀制作 H5 邀请函

各平台使用方法类似，下面以使用易企秀制作企业活动邀请函为例，对制作过程进行说明。进入易企秀 H5 模板界面，在邀请函分类下挑选合适的模板，平台模板一般按照行业、用途等进行分类，方便不同营销场景使用。在制作其他用途的 H5 时，可以按照类型搜索合适的模板，如图 4-12 所示。

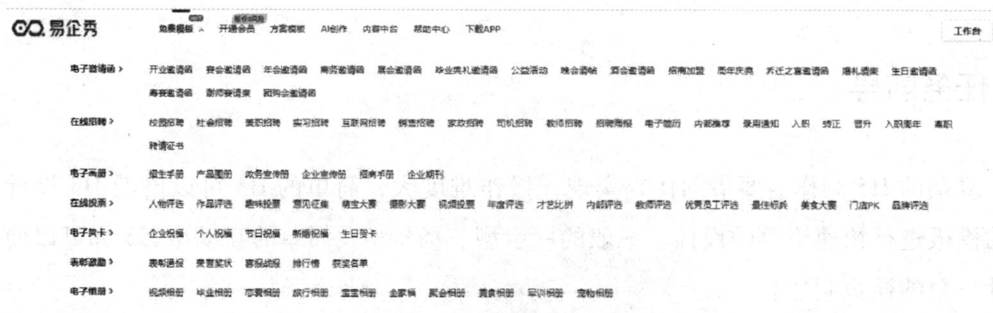

图 4-12 易企秀模板示例

选择模板后，点击“立即使用”进入编辑界面，如图 4-13 所示，更改模板中的信息，完成 LOGO、二维码等企业信息的添加，对背景音乐进行选择。

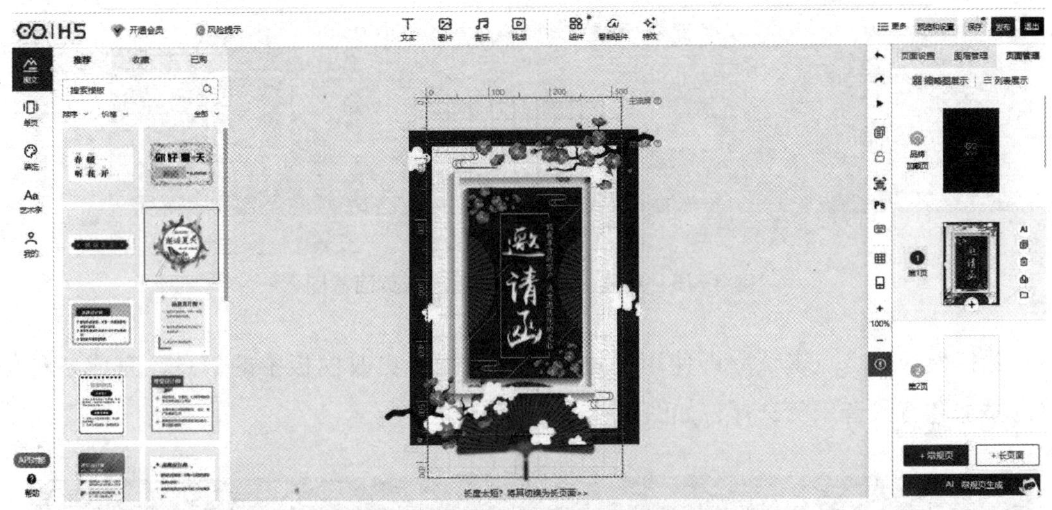

图 4-13　易企秀 H5 编辑页面截图

完成编辑后点击右上角“预览和设置”修改标题及描述，设置翻页方式等，完成制作后点击“保存”“发布”可以通过二维码和网址对制作完成的 H5 进行分享。如图 4-14 所示。

图 4-14　易企秀分享设置页面截图

2. 使用兔展制作 H5 旅行相册

以兔展制作 H5 旅行相册为例，对兔展平台的使用进行说明，在场景中选择相册并挑选模板，如图 4-15 所示。

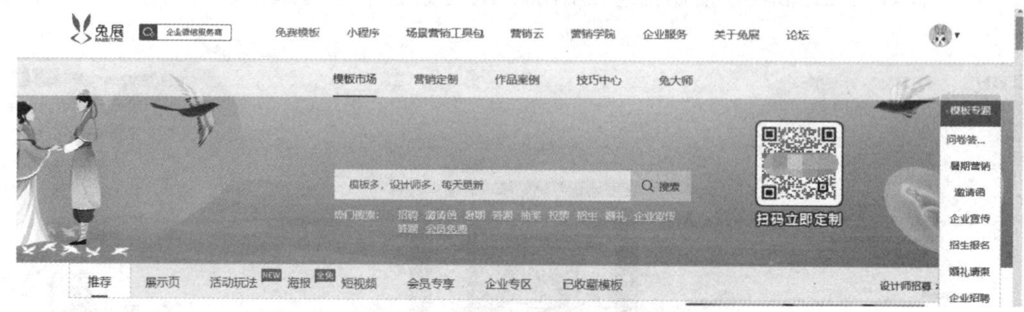

图 4-15　兔展平台首页模板选择页面截图

选择模板后，点击“立即使用”进入编辑界面，更改模板中的信息，完成各种信息的添加和背景音乐的选择，如图 4-16 所示。

图 4-16　兔展平台 H5 编辑页面截图

完成编辑后点击右上角“预览和设置”修改标题及描述，设置翻页方式等，完成制作后点击“保存”“发布”可以通过二维码和网址对制作完成的 H5 进行分享。如图 4-17 所示。

图 4-17　兔展平台 H5 分享页面截图

3. 使用凡科互动制作 H5 抽奖活动

打开凡科互动进入 H5 模板，在分类中选择“活动抽奖”，选中模板，以转盘抽奖为例，在选中模板中对奖品详情进行设置，对中奖、未中奖界面进行调整，设置完成后点击“保存”，点击“预览与发布”后可对效果进行预览，并获取用于分享的二维码和链接。制作完成后在“我的活动”中找到对应活动，查看活动参与人数及中奖名单，如图 4-18、图 4-19、图 4-20 所示。

图 4-18　凡科互动平台 H5 页面截图

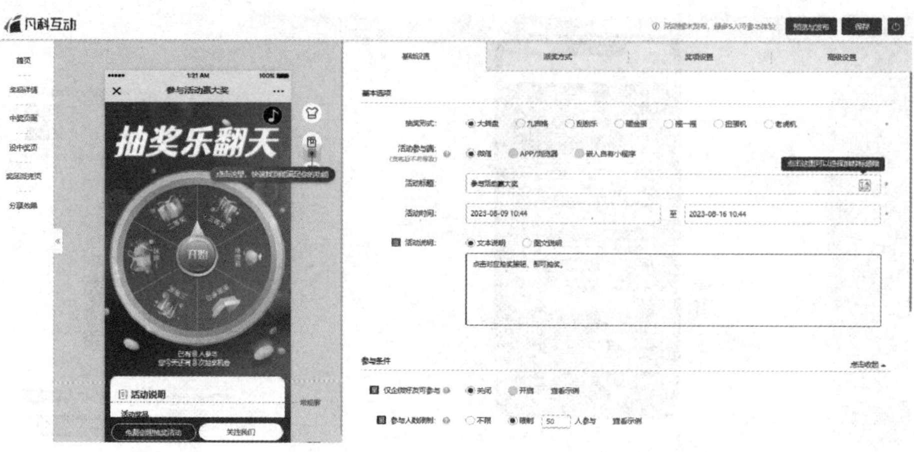

图 4-19　凡科互动转盘抽奖 H5 制作设置页面截图

图 4-20　凡科互动转盘抽奖 H5 分享页面截图

任务总结

本小节主要讲解了几种常见的 H5 制作工具，包括易企秀、兔展和凡科互动。在学习过程中，学生需要明确这几种常见的 H5 制作工具的优点以及实施步骤等内容。

任务评价

<table>
<tr><td colspan="6">任务评价表</td></tr>
<tr><td colspan="2">完成方式</td><td colspan="4">□小组协作完成
□个人独立完成</td></tr>
<tr><td colspan="5">评价点</td><td>分值</td></tr>
<tr><td colspan="5">是否熟悉 H5 的制作工具平台</td><td>40</td></tr>
<tr><td colspan="5">是否熟悉易企秀 H5 制作的步骤</td><td>20</td></tr>
<tr><td colspan="5">是否掌握兔展 H5 相册制作的操作步骤</td><td>20</td></tr>
<tr><td colspan="5">是否掌握凡科互动制作 H5 的操作步骤</td><td>20</td></tr>
<tr><td colspan="6">总成绩：</td></tr>
<tr><td>自我
评价</td><td>（20%）</td><td>小组
评价</td><td>（20%）</td><td>教师
评价</td><td>（60%）</td></tr>
<tr><td colspan="6">存在的主要问题</td></tr>
<tr><td colspan="6"></td></tr>
</table>

思政园地

H5 设计中常见的侵权问题及防范策略

在 H5 设计中，侵权风险主要来自未经授权使用他人的创意、图片、文字、音频、视频等素材。这些素材可能受到著作权、商标权、专利权等知识产权的保护，如果未经许可擅自使用，就可能构成侵权行为。具体来说，H5 设计中的侵权风险包括但不限于以下几个方面。

①图片侵权：使用未经授权的图片或摄影作品，无论是作为背景、配图还是装饰元素，都可能侵犯原作者的著作权。即使是非商业用途，未经许可的使用也可能构成侵权。

②文字侵权：使用他人的文章、诗歌、歌词等文字作品，未经作者或版权所有者授权，也可能构成侵权。此外，如果 H5 设计中包含抄袭或模仿他人作品的元素，同样可能涉及侵权问题。

③音频和视频侵权：在 H5 设计中使用的背景音乐、音效、视频片段等，如果未经版权所有者许可，也可能构成侵权。

④设计元素侵权：H5 设计中使用的特殊字体、图标、按钮等设计元素，如果涉及他人的知识产权，未经授权使用也可能导致侵权。

为了降低 H5 设计中的侵权风险，设计师和开发者应当采取以下措施。

①尊重知识产权：在设计过程中，应尊重他人的知识产权，避免使用未经授权的素材。

②获取授权：如果需要使用他人的作品或素材，应事先与版权所有者联系，获取相应的授权或许可。

③使用开源素材：可以选择使用已经获得开源许可的素材，这些素材通常允许在特定条件下自由使用。

④加强版权意识：提高设计团队对知识产权的重视程度，定期进行版权培训和宣传，增强大家的版权意识。

在 H5 设计中，遵循相关法律法规和尊重他人的知识产权是避免侵权风险的关键。只有确保使用的素材合法合规，才能保障设计的顺利进行并避免不必要的法律纠纷。

项目五　新媒体表单的应用

学习目标

[知识目标]

1. 了解表单的含义；
2. 了解新媒体表单的应用场景；
3. 了解常用的新媒体表单工具；
4. 掌握新媒体表单结构设计。

[能力目标]

1. 初步具备新媒体表单设计能力；
2. 掌握新媒体各类型表单设计的能力；
3. 提高新媒体表单的使用能力。

[素养目标]

1. 培养学生的新媒体运营思维；
2. 培养学生的互联网敏感度。

案例导入

阿明所在的新媒体营销组最近接到了老板的新任务，为了更好地利用新媒体技术完成公司产品的后期推广，现需要阿明小组成员利用新媒体表单工具来采集用户满意度数据，方便公司更有针对性地去改进产品的质量，提高用户满意度。

任务一　新媒体表单的应用场景

任务前导

随着互联网的飞速发展，新媒体表单的使用越来越频繁，成为人们收集信息和分析数据的强有力工具。那么，什么是新媒体表单？新媒体表单都应用于哪些场景中？新媒体表单的设计有哪些结构？下面我们将围绕以上问题，展开新媒体表单内容的讲解。

任务实施

表单在网页中主要负责数据采集功能，人们主要利用表单来进行信息的收集和分析。与纸质表单以及传统的网络调查问卷相比，新媒体表单更适合在微博、微信等这样的新媒体平台传播，同时借助传播平台开放的接口，让数据分析得以精准呈现。

互联网为表单提供了强大的数据入口，增强了表单的数据收集和分析整理能力。新媒体又为表单提供了更加丰富的应用场景。无论从数据的分析和优化还是日常的运营辅助，表单的应用都是新媒体运营人员必须掌握的技能。除了问卷调查，报名预定、投票评选、考试测评等都是表单比较常见的应用场景。

一、问卷调查

问卷调查是表单最常用的一个场景。例如，在商业活动中常用的满意度调查、消费者偏好调查等都属于此类。技术的发展为问卷的发放形式和渠道提供了无限可能。在当今社会中，问卷调查的样本选取和开展成本已经不再是最主要的制约因素，一份好的问卷调查最关键的是要有好的问题和精准的新媒体投放端口。因此，问卷调查类表单在设计的过程中要注意问题的设计和甄选。

问卷调查类型的表单在设计的过程中，需要注意以下几点。

①要注意明确问卷的主题和目的，确定清晰的逻辑主线；

②要注意封闭性问题和开放性问题的结构比例，封闭性问题更容易进行数据整理，

开放性问题更有利于深度思考；

③在问题的措辞上需注意，语言要通俗易懂，除了专业词汇，尽量规避生僻字；

④还要注意问题的排序和整个问卷的页面排版，尤其是在新媒体平台的不同端口投放，要适应不同端口的页面特征。

二、报名预定

在新媒体运营或日常工作中，经常需要组织线上、线下活动。在开展这些活动前，需要活动参与对象填写报名或预定信息。传统的报名或预定信息需要通过手动的形式逐一统计，从而造成人力和时间成本的大量增加。而在互联网时代，工作人员只需要将在线表单的生成链接或二维码发送至指定的目标群体，就可以完成报名预定工作的统计，帮助运营人员预估活动规模。

信息统计只是表单报名预定场景下的一个使用功能。除了信息统计，在线表单拥有强大的数据能力，能实时呈现数据结果。预定报名完成后，新媒体表单平台可以对整个信息数据进行分析、模拟出报名用户画像，运营人员可以将画像与活动主题进行比对研究，预估和核验活动效果。

三、投票评选

投票评选也是表单常用的应用场景之一，在新媒体平台中，能实现投票功能的工具有很多。如微信公众号内的投票以及社群的投票。不同的投票工具有各自的特点和优势，也有各自最适合的应用场景。

虽然微信公众平台后台有投票工具，但是微信公众平台工具会有一些局限性，只能完成简单的投票，且必须在公众号内，无法进行大范围、多样化的投票。表单的投票则更加直观，且在背景说明和个性化排版上有更多的选择。此时通过第三方的表单投票功能就能顺利完成投票活动。

四、考试测评

考试测评是通过表单在线考试系统，便捷地发起在线考试和测评。一般在商业活动中应用比较广泛的是员工的内部考核、培训的效果检测、在线招聘的笔试等。这是一个非常实用的应用场景，可以有效地抓取测评考核结果、及时进行统计分析。

考试测评型表单主要包含以下内容。

①表头：关于考试名称，如“大二英语测验”“学生会纳新考试”“学生干部期末

考核”等。

②简介：描述本次考试的答题时间、批改形式、成绩类别等信息。

③内容：依据需要测评的内容，设计判断题、单选题、多选题等。考试结束直接出成绩的考卷，通常没有主观题；而需要批改打分的问卷，可以酌情增加主观题。

④收尾：填写答题人基本信息，并强调应正确填写，防止出现没有成绩的情况。

以上是表单最常见的几个应用场景，所有新媒体工具只是工具，最核心的点在于运用工具而产出的内容。

任务总结

本小节主要讲解了新媒体表单的概念以及新媒体表单的应用场景，致力于让学生认知和了解新媒体表单相关知识。本小节内容较为简单，学生主要以认知和理解为主。

任务评价

<table>
<tr><th colspan="6">任务评价表</th></tr>
<tr><td colspan="2">完成方式</td><td colspan="4">□小组协作完成
□个人独立完成</td></tr>
<tr><td colspan="5">评价点</td><td>分值</td></tr>
<tr><td colspan="5">对新媒体表单概念的认知是否准确</td><td>30</td></tr>
<tr><td colspan="5">是否能够区别新媒体表单的应用场景</td><td>30</td></tr>
<tr><td colspan="5">关于新媒体表单的应用场景表述是否全面</td><td>40</td></tr>
<tr><td colspan="6">总成绩：</td></tr>
<tr><td>自我
评价</td><td>（20%）</td><td>小组
评价</td><td>（20%）</td><td>教师
评价</td><td>（60%）</td></tr>
<tr><td colspan="6">存在的主要问题</td></tr>
<tr><td colspan="6"></td></tr>
</table>

任务二　新媒体表单的结构设计

任务前导

工具为新媒体运营者提供辅助功能，核心在内容。随着技术的发展和产品的迭代更新，表单工具越来越完善，一般的表单工具都具备强大的场景模板和个性化的修改页面，可以完整实现表单内容在互联网上的清晰表达，因此在熟练掌握表单工具使用方法的情况下，要重点培养表单的内容设计能力。

任务实施

新媒体表单对辞藻文采的要求并不高，但要结构完整，能清晰地表达和说明问题。新媒体表单的结构总体上可以分为表头、内容和结尾三部分。在这三部分中，始终要明确表单设计的主题以及想要获取的信息。表单设计的优劣，直接影响着后续数据的质量。

一、表头的设计

表单表头主要包括标题和导语两个内容。表头要点明表单的设计主题和意图，介绍表单的设计背景，初步筛选填写表单的目标群体，节省沟通时间，提升收集效率。同时，还要能引起目标群体的兴趣和意愿，主动填写表单信息并对表单进行二次传播，获得更广泛的数据反馈。

1. 标题的设计

表单的标题可以是一个主标题，也可以是主标题+副标题的形式。主标题用来点明主题，副标题则是进一步的补充和说明。在撰写表单标题的过程中应遵循“明确+简洁”的原则。在目标对象收到表单时，看到标题就会知道表单的设计主题是问卷调查、订单支付，还是会议签到、在线测评等。

2. 导语的设计

在表单的正式内容开始之前，用户最先接触到的是表单的导语。导语的撰写非常重要，关系到用户对表单的第一印象，并影响用户是否愿意填写、进行转发和传播。导语部分的内容一般对表单的主题做更进一步的说明，一般包括以下内容。

①表单设计者身份或机构说明；

②表单在填写过程中的注意事项；

③表单的用途说明，是学术研究还是商业辅助；

④在调查类的表单中，导语中还会表明填写表单将获得的利益，如奖品、红包等；

⑤最后对表单填写对象进行致谢。

表单导语在撰写过程中要注意一些细节，如称呼是否得体，信息不外泄的承诺，真诚的致谢等。表单内容不需要太过华丽的语言，但要清晰地陈述事实和表达立场，内容背后也是表单设计者职业素养的体现。

二、内容的设计

表单中的内容是表单信息收集的核心部分，问题的设计直接关系到调查者会不会收集到所需要的数据。表单问题的设计要根据提问的目的和受访者的类型来决定。

1. 表单问题的类型

①封闭性问题。封闭式问题是指在设计问题的过程同时提供相关答案，由填写对象根据自己的实际情况选择答案的问题。问题的答案在设计时必须具有穷尽性和互斥性，一方面，要列举出所有可能的答案，不能有所遗漏；另一方面，各答案之间要互不相容，不能出现重叠。封闭性问题的优点：标准化程度高，所获得的资料集中，便于编码和统计分析；填答问题比较方便，省时省力。缺点：灵活性差，不利于用户深入、充分地表达自己的意见；填写过程存在一些偏误也不易被发现。一般在大规模、正式的调查中使用较多。

②开放性问题。开放性问题一般不能轻易地只用一个简单的“是”或者“不是”以及其他一些简单的词或数字作为选择项来回答的问题。开放性问题会请当事人对有关事情做进一步的描述，并把用户的注意力转向所描述内容比较具体的某个方面。调查者可以在这类问题里得到更多的细节，适合调查受访者的想法和意见。通常以“怎么样”开始的开放性问题比那些以“为什么”开始的开放性问题更能得到有价值的信息。开放性问题的回答概率较低，归类编码和统计分析比较困难。

③优先级问题。优先级问题是用来调查受访者对所提供选项的优先排列顺序，也就是说按照一定的标准，请用户将问题的答案进行排序。此类问题的分析结果通常以百分比来表示。

2. 表单正文注意事项

①内容精练。互联网时代人们的精力有限，太过冗杂的内容会降低完成率和填写质量。因此表单的内容一定要精练，可问可不问的问题坚决不问，可留可不留的信息坚决不留。

②语法简单。表单语言要尽量简洁，语法简单，避免使用定语过多的描述性语言；如果有专业词汇，尽量不使用缩写并做出必要的解释；尽量少使用双重否定句式。

③主线清晰。表单所有内容在呈现的过程中要有一条清晰的逻辑主线，注意问题与问题之间的先后顺序；以有趣简单的问题开始的问卷可以更好地吸引受访者的注意；问题的排列顺序要有梯度，前几个问题相对简单，之后再深入。

④结构合理。表单在问题设置过程中要注意结构的合理性，开放性问题与封闭式问题的配比要适中；注意提问的语言表达，有的时候换一种方式提问，表单的填写用户会更容易接受。

⑤提问技巧。问题在设置过程中不能模棱两可，要具体可衡量，并且不能兼问。如“某企业已经公开向消费者对前期工作的不足之处道歉，并采取了相关改进措施，您是否知晓?”这句话实际上问了两个问题，需要拆开提问。

⑥选项的设置。针对选项的设置，对于封闭性问题而言，用户最后的选择结果会出现在数据分析图表上，因此要注意选项设置的合理性，是否能清晰地体现设计者的意图和衡量标准。同时也要注意选项要穷尽且不相互交叉。

⑦排版美化。对于美的追求是我们人类共有的特征。大多数新媒体表单在移动端呈现，表单的排版及设计就要符合人们对于手机屏幕的阅读习惯。一个好的排版可以降低用户的抵触心理，提高表单的填写率以及增强用户的包容度。

三、结尾的设计

表单的结尾一般是对表单的填写用户再次致以谢意。可以是感谢语、祝福语，也可以是在特定时令或场景下的关心语。同时，在结尾也可以对企业或品牌做一个曝光和引流，就像传统的电子邮件中的企业电子名片。

表单设计完成后要进行检查。可以在内部进行小范围的预调和试错，以查漏补缺。最终定稿后的表单可以通过微信、微博、社群等新媒体渠道进行投放。在获得数据后，围绕表单的统计数据以及填写数据进行分析，以便通过优化表单的运用来辅助企业新媒体的日常运营。

任务总结

本小节在新媒体表单应用场景的基础上，进一步向学生讲解新媒体表单的结构设计，加深学生对新媒体表单的理解。

任务评价

<table>
<tr><th colspan="6">任务评价表</th></tr>
<tr><td colspan="2">完成方式</td><td colspan="4">□小组协作完成
□个人独立完成</td></tr>
<tr><td colspan="5">评价点</td><td>分值</td></tr>
<tr><td colspan="5">对新媒体表单表头及内容设计是否到位</td><td>50</td></tr>
<tr><td colspan="5">对新媒体正文设计的理解是否准确</td><td>50</td></tr>
<tr><td colspan="6">总成绩：</td></tr>
<tr><td>自我
评价</td><td>（20%）</td><td>小组
评价</td><td>（20%）</td><td>教师
评价</td><td>（60%）</td></tr>
<tr><td colspan="6">存在的主要问题</td></tr>
<tr><td colspan="6"></td></tr>
</table>

任务三　新媒体表单的常用工具

任务前导

明确了新媒体表单的结构设计之后，接下来需要学习新媒体表单的常用工具。企业要开展新媒体表单的营销工作，首先需要了解新媒体表单的常用工具，从而在后期根据具体的营销目标选择合适的表单工具。

任务实施

在新媒体运营过程中会经常遇到使用表单的场景，目前比较常用的表单工具有麦客表单、问卷网表单、金数据、百度表单等。表单工具的各功能模块逻辑是相通的，运营人员可以根据自己的运营需求和习惯，选择合适的工具。

一、麦客表单

麦客表单是一款专业的在线表单制作工具。表单的功能决定了它在客户关系管理上有巨大的优势，可以帮助运营人员快速完成信息收集和整理，实现客户挖掘和信息推送，以便开展持续的营销和运营。

1. 登录注册

登录网址“https：//www. mikecrm. com”进行麦客表单的注册，按要求注册完成以后登录表单的后台制作界面，点击后台上方的菜单栏“表单”，然后点击右上方菜单“创建表单”即可进入表单创建页面，如图 5-1 所示。

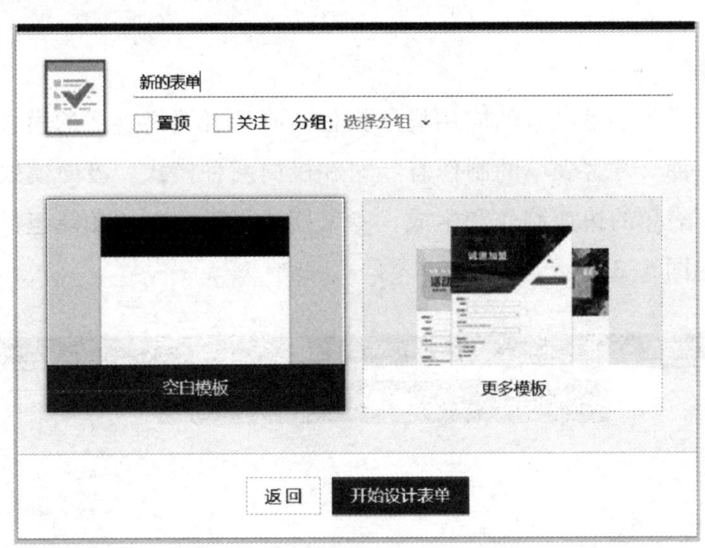

图 5-1　麦客表单创建页面截图

2. 模板选择

在进入正式创建页面之前，会首先进入一个模板选择页面。页面的左侧是空白模板，表单制作人员可以根据表单的设计内容进行自主选择和添加相应的组件；页面的右侧是模板页面，点击就会进入麦客后台按照表单常用的应用场景选择模板。这些模板的组件、文字、图片等元素都可以进行修改，为表单制作人员提供了很大的选择和借鉴空间，同时提高了表单的制作效率。

在选择模板页面最上方“新的表单”部分，可以对表单加以命名，能够使制作者在后台表单列表中快速找到相应的表单，也可以对表单进行置顶、关注和分组设置。在后台表单量比较大的情况下，这些都是非常实用的便捷操作。如图 5-2 所示。

图 5-2　“新的表单”页面截图

3. 模式确定

不管是空白模板还是已有的应用场景模板，制作者选择合适的模板后，就正式进入表单的制作页面。麦客表单的制作有专家和极简两种模式。极简模式提供简单的编辑功能，适用于表单的快速制作和生成。专家模式提供完善的功能组件，适合更高阶的应用场景。如图 5-3 所示。

图 5-3　麦客表单极简模式页面截图

4. 表头设计

麦客表单的表头设计包括标题、描述、LOGO、背景图等内容。在“标题”和“描述”位置可以添加表单的标题和对标题的描述，标题的描述相当于副标题，可以对标题做进一步的补充和说明。标题和描述没有字数限制，但表单语言力求简洁，清晰准确地说明问题即可。点击“LOGO”和“背景图”即可上传企业的LOGO和表头的背景图片。在右侧功能框中，可以对标题和描述的位置进行调整以及对背景图片进行水平和垂直方向的拉伸和改变。

5. 内容设计

表单的内容设计主要是把已经设计好的表单内容，用表单工具提供的功能组件进行呈现。麦客表单提供了基础组件、图片组件、联系人组件以及分割线、文本描述、静态地图等辅助组件，可以帮助设计者完成内容的呈现。制作者只需要在左侧点击图标，相应的组件就会被拉入页面中间的编辑框；点击编辑框中的组件，即可在右侧的设计框中进行修改；选中组件后，组件会变成淡黄色，同时在四周出现紫色底和红色底的小图标。选中这些小图标，可以对组件进行复制、拖曳以及删除操作。

6. 外观设计

好的表单除了内容外还需要好的设计和排版，能有效提高表单的填写率。在内容设计完成以后需要对表单进行外观设计。在麦客表单外观设计页面的左侧，平台提供了各种主题和色系的外观模板。点击相应的模板即可一键换装，这些模板主要用于整体风格设计。在外观设计页面的右侧，可以对表单样式的细节进行调整，包括文字的大小、位置、颜色、间距以及图片的位置、样式、色彩等。

7. 提交设计

不同于传统表单，新媒体表单在填写完成后会出现提交页面。一方面，提交页面告诉用户已经填写完成并提交成功；另一方面，提交结束的时刻也是用户注意力集中的关键节点，可以进行落地页面的二次转跳，也可以进行细微之处的品牌曝光。提交页面的设置是整个表单中的一个关键环节。

麦客表单提供了两种提交设计方案。一种是根据麦客表单的提示进行设计，可以在设计页面左侧的设计框中对提交页面所显示的内容进行选择，然后在右侧设计框中对提交显示的内容进行修改和设计；另一种提交页面是跳转到网页，以方便表单填写及与下一步营销行为的衔接。

8. 全局设置

全局设置主要对表单发放和填写过程中的一些规划进行设置，包括访问设置、填写设置、通知提醒等内容。麦客表单全局设置如图 5-4 所示。

图 5-4　麦客表单全局设置页面截图

①访问设置。访问设置主要针对表单填写的具体要求来设定。主要包含设置用户是否仅在微信中进行填写，是否定时开启或关闭表单的填写，是否设置定量收集反馈通知并对数量定额进行设置，是否设置访问密码等。这些功能设置满足了多样化的表单应用场景，制作人员可以根据表单的实际情况进行相关设置。

②填写设置。在填写设置中，可以为表单启用验证码，通过对表单填写用户的筛选，提高表单样本的效度；也可以对表单的填写频率（每人限填一次或每人每天限填一次）进行选择。

③通知提醒。勾选通知提醒后，每当有新用户进行表单的填写时，后台运营人员就会收到通知，便于运营人员及时掌握表单填写情况，做出调整和反馈。

④向填表人发信息。可以以邮件或短信的形式向填写人发送表单的全部信息或其他自定义内容，但需要在表单内容中有邮箱和电话的组件，并且所填写的邮箱和电话信息真实有效。

9. 表单发布

全局设置完成以后，就可以进行表单发布了。发布后的表单会自动生成网址链接或二维码。运营人员可以将链接地址和二维码发送到各新媒体平台让目标用户进行填写。麦客表单提供了微博、微信、QQ 等社交媒体平台的直接转发功能，同时还可以对微信分享中的聊天窗口和朋友圈转发窗口的样式进行设置。

10. 拓展功能

除了基础表单的制作和应用，点击麦客表单后台菜单栏上的“口号”图标，可以进入表单的拓展功能模块。该模块含有逻辑表单、表单内收款、加密数据传输等更强大的功能。新媒体运营人员可以根据自己的运营需求进行选择。用户针对上一题给出不同的答案，下一题则会显示不同的问题。逻辑表单更强调表单内容之间的逻辑关系。

11. 数据反馈

表单发布只是表单应用的第一步，接下来更重要的事情是对通过表单收集到的信息进行数据的归纳整理和分析。在麦客网后台的表单列表下，可以查看所有的表单。鼠标移动到相应的表单上，就会出现“查看反馈”的图标，点击图标即可进入数据页面。

表单的数据反馈有列表视图和统计视图两种形式。列表视图可以最终将信息以Excel表格的形式导出；统计视图是根据表单的选项自动生成的统计图表，可以使运营人员更直观地对数据进行分析。

二、问卷网

问卷网是专业的调查问卷平台。可以实现多个新媒体平台端口的分发以及数据的长期保存。问卷网的项目类型几乎覆盖了表单的全部应用场景。相较于麦客表单，问卷网的表单特点在于添加了部分特色应用，如微信红包、微信签到、投票墙等。用户完成表单填写后，可以参与抽奖或收到红包，形成比较直接的用户奖励。

1. 登录注册

登录网址“https：//www. wenjuan. com”，完成问卷网的注册和登录。问卷网提供了丰富多样的模板，满足运营者常用的应用场景需求，如图 5-5 所示，运营者在使用过程中，可以选择模板也可以点击页面右上角“进入工作台”创建空白模板。

图 5-5　问卷网表单模板分类页面截图

2. 表单编辑

①题型。问卷网的组件与表单相似，功能齐全、操作简单，选择好组件后拖曳到编辑页面即可完成内容的转换和呈现。与麦客表单不同的地方在于，问卷网的题型更加丰富，除了单选、多选这些基础题型外，还提供了矩阵题、NPS 打分、比重题等题型。如果运营人员的表单需要更多元化的问题表达，可以考虑选择问卷网。如图 5-6 所示。

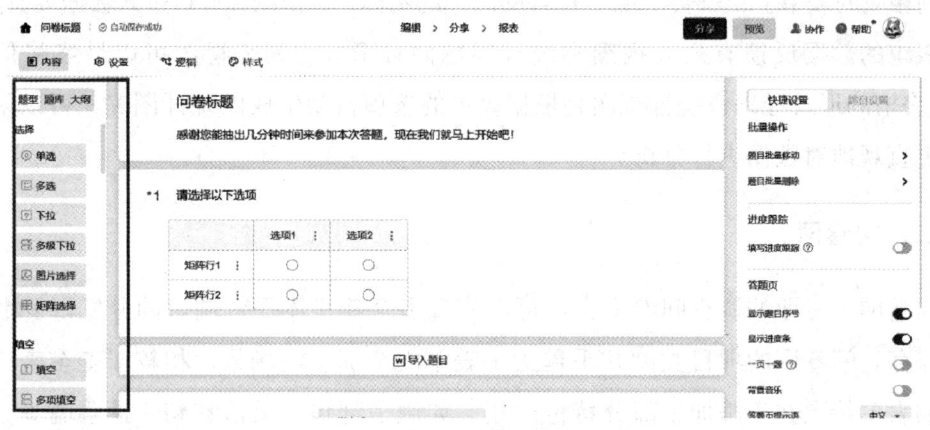

图 5-6　问卷网题型设置示例

②题库。对于信息的效度而言，好的问题能提供更加有效的数据反馈。新媒体运营中的表单内容大多数是以问题的形式呈现，因此考验的不是表单制作者的文笔能力而是问题设计能力。问卷网除了提供样式模板外，还提供了题库资源，帮助运营人员更好地进行问题的设计。如图 5-7 所示。

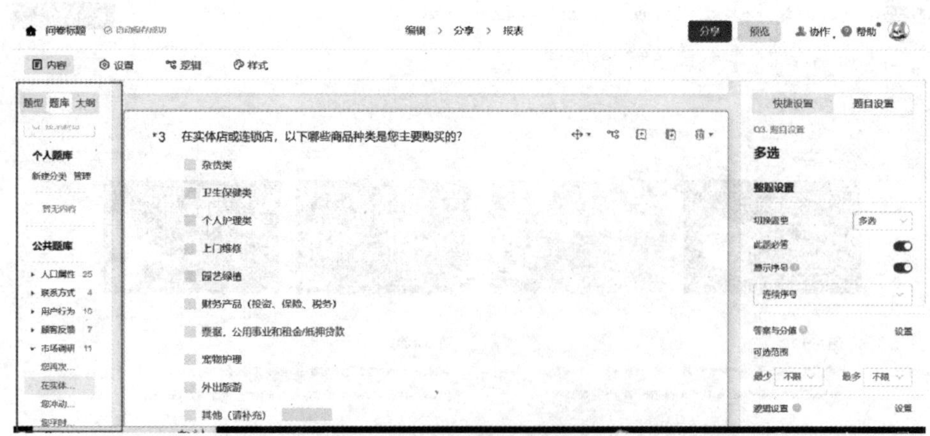

图 5-7　问卷网题库页面截图

③外观。问卷网的“外观”菜单提供表单外观的设计和设置功能。与麦客表单不同，问卷网的外观提供了移动端和 PC 端两种设计方式，方便制作者在设计的过程中直观地感受表单的页面变化，令人愉悦的页面排版能使用户在填写的过程中具有良好的填写体验，提高完成率。问卷网的外观设计模块则提供了丰富的设计模板，便于表单制作者方便快捷地进行表单设计。如图 5-8 所示。

图 5-8　问卷网外观设置页面截图

④设置。问卷网的“设置”功能相当于麦客表单的“全局设置”，是对表单的整体答题状况进行设置。

a. 微信设置。在“设置”功能模块中，第一个特色是“微信设置”。微信是用户在填写表单时最常用的一个场景，因此问卷网将微信设置独立出来，提供了“记录用户微信信息”“必须关注官方微信才能答题”“自定义微信分享图表”等一系列特色功能。方便运营人员将表单更好地与微信公众号、社群等新媒体运营方式打通。

b. 质量控制。在“设置”功能模块中，第二个特色是“质量控制”。为尽可能提高表单在信息收集和数据分析上的有效性，问卷网提供了质量控制模块。在质量控制模块，除了对表单的答题上限和配额进行设定以外，还可以通过设置无效问卷筛选规则，对表单信息来源的地域、IP 地址、来源渠道、答题时长等规则进行筛选设置，以提高表单的有效性。

c. 奖品和红包。在“设置”功能模块中，第三个特色是“奖品和红包”，可以在表单内设置微信红包和自定义抽奖活动。用户填写完表单后，就可以参加设置好的抽奖活动，激励用户进行表单信息的填写和表单的转发和传播。

3. 表单发布

问卷网表单的发布可以通过链接分享、短信、邮件以及网站内嵌等多种形式，满足了电脑端和移动端的常用场景。在问卷网上，除了提供普通的表单发布渠道，还提供专业的样本收集服务。根据表单所需要的调查样本，将表单发布给对应的网络人群，以便迅速获取相关信息。表单发布的样本收集功能是付费功能，具体费用需要根据表单所需样本覆盖的人群和规模确定。

4. 数据分析

表单发布结束后，运营人员需要对表单数据进行实时监控和整理分析。问卷网不仅提供数据详情、统计报表、数据来源分析，还可以进行交叉分析。交叉分析是一种更立体、更深入的分析方法，通过问卷网导入数据即可便捷地进行变量之间的分析和比对，在数据分析方面，功能更为丰富和强大。

任务总结

本小节主要讲解了两种常见的新媒体表单工具，包括麦客表单和问卷网表单。在学习过程中，学生需要明确麦客表单、问卷网表单两种表单工具的表单设计操作内容。

任务评价

<table>
<tr><td colspan="6">任务评价表</td></tr>
<tr><td colspan="2">完成方式</td><td colspan="4">□小组协作完成
□个人独立完成</td></tr>
<tr><td colspan="5">评价点</td><td>分值</td></tr>
<tr><td colspan="5">是否掌握常用新媒体表单工具</td><td>20</td></tr>
<tr><td colspan="5">对麦客表单的表单设计步骤是否了解</td><td>20</td></tr>
<tr><td colspan="5">是否能够完整设计一份新媒体表单</td><td>20</td></tr>
<tr><td colspan="5">是否明确麦客表单和问卷网表单的区别</td><td>20</td></tr>
<tr><td colspan="5">是否明确问卷网表单设计的操作步骤</td><td>20</td></tr>
<tr><td colspan="6">总成绩：</td></tr>
<tr><td>自我
评价</td><td>（20%）</td><td>小组
评价</td><td>（20%）</td><td>教师
评价</td><td>（60%）</td></tr>
<tr><td colspan="6">存在的主要问题</td></tr>
<tr><td colspan="6"></td></tr>
</table>

思政园地

新媒体表单内容在设计和传播过程中需要注意的问题

在新媒体传播中，内容合规不仅关系到企业的形象和信誉，还涉及法律法规的遵守。为确保内容合规，需注意以下几点。

①遵守法律法规：严格遵守国家法律法规，不得发布违法违规的内容，保证企业的合法经营。

②尊重他人权益：尊重他人的知识产权和人格权益，避免侵犯他人的权益。

③坚持真实客观：发布内容应真实客观，不得误导公众，树立良好的企业形象。

④保障信息安全：采取必要的安全措施，防止信息泄露和被非法获取。

⑤强化内容审核：建立完善的内容审核机制，对发布的内容进行严格审核，确保内容的合规性。

项目六　其他网络新媒体营销方式

学习目标

[知识目标]

1. 了解论坛的选择与账号建立的步骤；
2. 掌握论坛内容策划的步骤；
3. 了解论坛内容引流的方式；
4. 掌握论坛内容维护的技巧；
5. 了解问答平台选择与账号建立的步骤；
6. 掌握问答内容的设计与编辑的方式；
7. 掌握问答内容推广与维护的技巧。

[能力目标]

1. 具备独立建立论坛账号并运营及运用论坛进行营销的能力；
2. 具备独立进行问答营销操作的能力。

[素养目标]

1. 激发学生对问答营销相关职业的积极性；
2. 培养学生做事认真、勤恳工作的敬业精神；
3. 培养学生利用问答营销传播正能量，坚持正确导向的社交分享。

案例导入

在其他营销领域，尤其是论坛营销和问答营销，一些平台通过创新策略和深度互动，成功吸引了大量注册用户，为企业和个人提供了创业致富的机遇。

“数码之家”论坛是一个典型的案例，该论坛吸引了数百万科技爱好者。通过专业的板块划分和深度讨论，企业在这里分享技术经验和行业见解，取得了广泛认可。该论坛不仅提供了一个交流平台，也成为企业建立权威形象的有效途径。“知乎”则是知识分享领域的代表平台，汇聚了海量问题和解答。许多企业通过解答有关行业和产品的问题，建立了专业形象，提高了品牌知名度。这种互动方式使企业获取了用户的信任。

这些优秀平台通过搭建专业化、互动性强的社区，为用户提供了更多机会，不仅是信息传播的媒介，更是连接知识、创业和成功的桥梁。通过在这些平台上的积极参与，用户不仅获取了宝贵的信息和建议，也为创业致富搭建了坚实的基础。

任务一　论坛营销

任务前导

论坛营销就是企业或个人利用论坛这种新媒体平台，通过文字、图片、视频等方式发布相关产品和服务的信息，从而让目标用户更加深刻地了解产品和服务，最终达到宣传产品或服务的目的。在众多的新媒体营销平台中，论坛是较早出现的一种形式，相对来说营销模式已经成熟，接下来，我们将以颇具广西特色的铜鼓摆件为例展开讲解。

任务实施

论坛营销，可以从以下五个部分展开：论坛选择与账号建立、论坛内容策划、论坛内容编辑、论坛内容引流、论坛内容维护。

一、论坛选择与账号建立

1. 论坛的选择

在进行论坛营销时，首先应该依据营销产品的特性选择合适的论坛，最好是能够直击目标用户的论坛。

以（广西）铜鼓文化论坛营销为例，广西是目前出土和收藏铜鼓最多的地区，世界上最重的铜鼓王就在广西出土。通过在多个论坛搜索“广西铜鼓”，发现在“百度贴吧”中对于铜鼓相关的搜索内容和话题量更加多元、呈现数量也较多。同时“百度贴吧”涉及内容广泛，具有相对精准的细分类目，是很多用户的首选。在营销方式上，“百度贴吧”以人与人之间的互动传播，能深层次、精准地到达用户，并打动、影响目标用户为特色，是一个多元化、综合性论坛。综合看来，选择“百度贴吧”作为营销论坛相对具有优势。

2. 论坛账号的建立

以“百度贴吧”作为营销论坛后，接下来就要着手论坛账号的建立，具体步骤如下。

步骤1：百度搜索“百度贴吧”，然后点击官网进入，如图6-1所示。

百度为您找到相关结果约100,000,000个　　搜索工具

百度贴吧——全球领先的中文社区 官方

百度贴吧是一个涵盖各种话题的交流平台，让志同道合的人相聚。你可以在这里看到最新的动态，参与最热的讨论，发表自己的观点，结交志同道合的朋友。

百度贴吧

图6-1　百度搜索“百度贴吧”

步骤2：进入“百度贴吧”官网后，点击右上角的“注册”，随后进入注册页面。可以选择使用第三方社交账号直接登录，如微信、QQ、微博等，也可点击“立即注册”，注册新账号，如图6-2所示。

图6-2　“百度贴吧”登录页面截图

步骤 3：进入注册页面后，按要求填写相关信息，需要注意的是，“百度贴吧”的验证码为短信验证码，因此需要保持手机畅通，如图 6-3 所示。

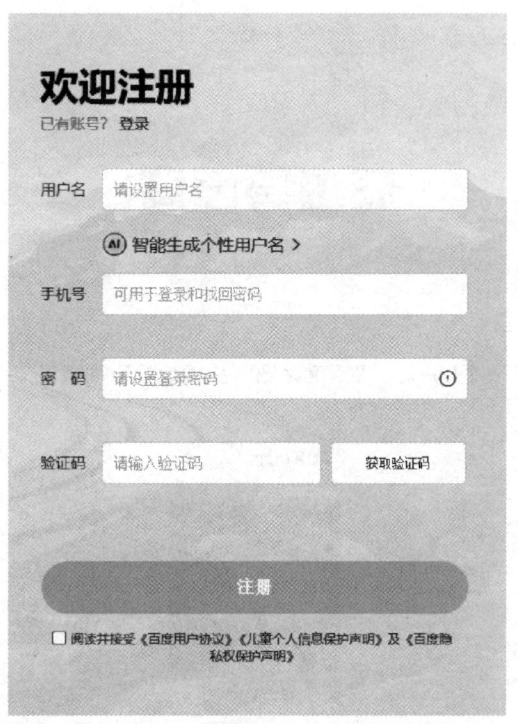

图 6-3　“百度贴吧”注册页面截图

步骤 4：可在账号设置中完善相关个人信息，如图 6-4 所示。

图 6-4　“百度贴吧”账号设置页面截图

步骤 5：账号注册成功后，在账号设置中，点击“修改头像”，上传个人头像或选择推荐头像并生成头像预览，如图 6-5、图 6-6 所示。

图 6-5　“百度贴吧”头像设置页面截图

头像预览

大头像100×100

小头像55×55

图 6-6　“百度贴吧”头像预览页面截图

二、论坛内容策划

建立了自己的论坛账号后，紧接着就需要着手内容策划工作，内容策划可从用户群体分析、策划选题内容、选定表现形式三个步骤展开。

步骤 1：用户群体分析。

既然是对广西铜鼓摆件展开营销，首先需要分析关注广西铜鼓的用户群体，通过百度指数分析可知，关注广西铜鼓的用户年龄集中在 30~39 岁，男女比例的差别不是特别大，如图 6-7、图 6-8 所示。

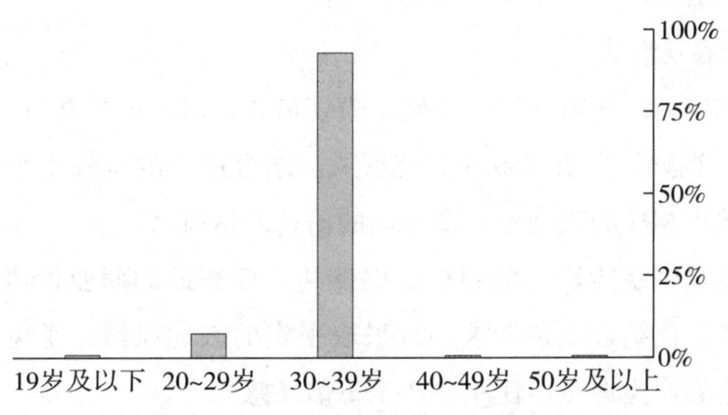

图 6-7　关注广西铜鼓用户的年龄分布示例

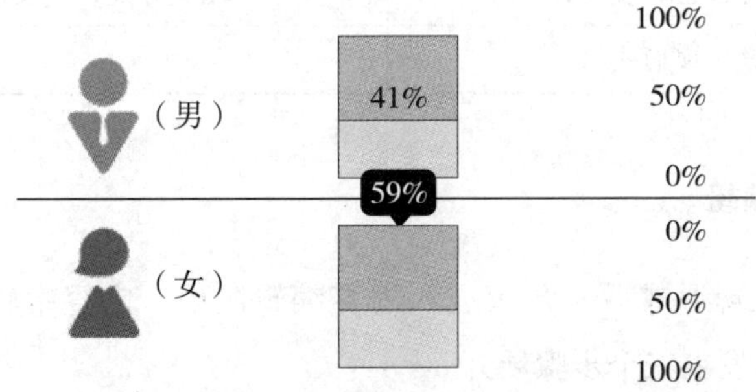

图 6-8　关注广西铜鼓的用户性别分布示例

综合两组分析数据，并结合广西铜鼓的特性，可以将广西铜鼓的营销目标人群定位为热爱造型精美的手工艺产品、了解传统文化、有审美品位的青年人。

步骤 2：策划选题内容。

论坛营销不是一蹴而就的，因此发帖前要围绕营销需求设立清晰的阶段目标与总体目标，并持续跟进。

此次论坛营销旨在宣传以广西铜鼓为原型的铜鼓摆件，结合上述目标群体分析数据，30~39 岁的用户多处于事业上升期，铜鼓摆件除了精美的造型外，其蕴含的商业寓意应该会引起这一用户群体的关注。所以，要以此核心诉求设定阶段目标，并策划对应选题。

阶段一：介绍广西铜鼓与众不同的工艺，吸引用户。

阶段二：传达广西铜鼓的商业价值，引出铜鼓摆件，进一步吸引精准用户。

阶段三：设定围绕广西铜鼓的线上活动，保持帖子热度。

阶段四：根据活动情况及帖子热度，及时调整内容。

……

最终目标：引流到网店，带动广西铜鼓摆件销售。

步骤3：选定表现形式。

确定了选题内容后，还需要进一步确定表现形式，以便进行素材的准备。“百度贴吧”提供了图片、视频、投票等多种表现形式。结合用户的认知水平以及每个阶段策划的选题，分别选用相应的表现形式及不同的语言表达风格。

例如，此次发帖围绕阶段二的目标，即传达广西铜鼓的商业价值，就可以选用图文并茂的表现形式，而结合主题诉求，宜采取平实的叙述风格，避免太过活泼，与帖子所传达的深厚主题产生偏差，让用户产生不信任感。

广西铜鼓摆件选题表现形式	图文并茂，平实的叙述风格
学生选题表现形式	

三、论坛内容编辑

确定了选题和表现形式后，开始进入内容编辑阶段，内容编辑可从标题的编写、内容的编写、帖子的发表三个步骤展开。

步骤1：标题的编写。

标题要足够吸引人，好的标题直接决定目标用户是否会浏览帖子。

进入帖子编辑页面，此次采用悬念式标题，旨在激发用户的探究欲，进而去阅读内容。

对于论坛标题的编写，有以下几类可供参考，可以依据具体选题策划进行引用。

①专业式标题。专业式标题是指在标题中嵌入专业性词语，让内容看起来更加专业，传递专业价值。

专业式标题能够吸引那些对专业度要求较高的用户，从而达到精准吸引用户的目的。

②悬念式标题。悬念式标题是指将文中最能吸引用户注意的内容，先在标题中做个铺垫，在用户心中埋下疑问，引起探究欲，从而去阅读内容。

悬念式标题的主要目的是增加帖子的可读性，所以在进行内容编辑时，一定要确保帖子内的内容确实是能够让用户感到惊奇的、有悬念的，不然会让用户感到不满，影响帖子的评论。

③趣味式标题。趣味式标题是指在标题中使用一些有趣、新颖的词语，给用户营

造一种轻松愉悦的阅读氛围。这样即便帖子中透露出广告的意味，也不会让用户太反感。

④福利式标题。在帖子标题上向用户传递出“阅读就会有收获”的信息，让用户自然而然地去阅读帖子。

⑤借势式标题。借势是一种常见的写作手法，一般都是在帖子的标题上借助一些社会上的时事热点、新闻的相关词汇来给内容造势，增加点击量。

步骤 2：内容的编写。

当用户被标题吸引，进入主帖时，主帖内容的质量直接决定了用户是否回复或持续关注，所以在写主帖内容时，要与标题尽可能相关，传达产品对用户的重要性或相关性。此外，产品信息传达也可出现在回复中，建议主帖可简单叙述产品的相关信息，不需要过多表述，避免引起用户反感。

此次发帖围绕铜鼓的商业价值展开，主帖内容就要将主题渗透进去。结合之前策划的表现形式，添加图片，增加帖子的可读性与丰富性。在帖子未发表前，图片是以网址的形式呈现，所以添加图片前要认真核查，避免出错，如图 6-9 所示。

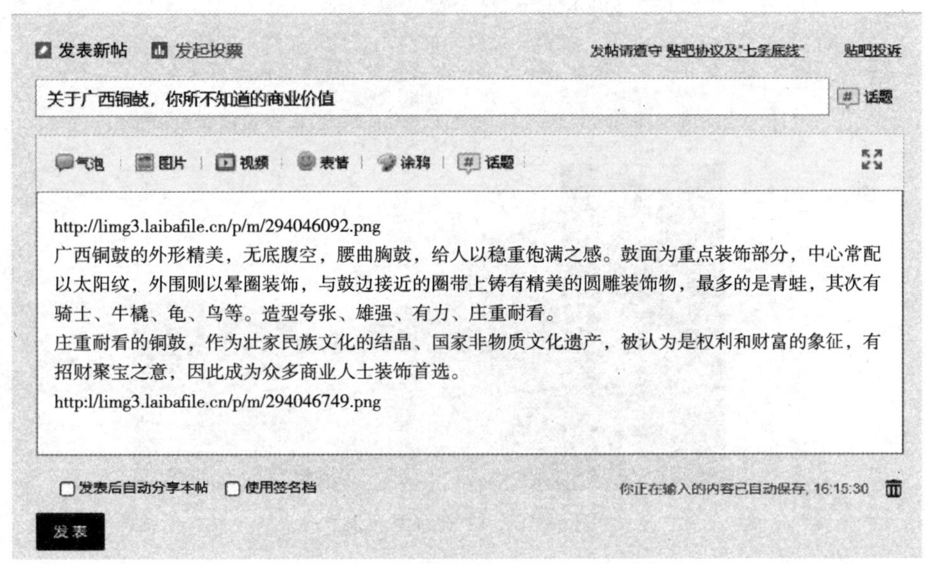

图 6-9　“百度贴吧”发帖页面截图

需要注意的是，“百度贴吧”不同于其他新媒体平台，可以自主添加关键词，“百度贴吧”的关键词是系统从帖子中获取，这就对主帖的编写提出了更高的要求，要将与主题相关的关键词尽可能分布在主帖内容中。

步骤 3：帖子的发表。

帖子编辑完成后，选择帖子主题对应的板块，随即下拉页面，根据帖子具体情况选择“原创”或“转载”，点击“发表”即可。

四、论坛内容引流

帖子发表后，需要被更多用户看到，但仅仅依靠论坛本身的流量是不够的，还需要借助其他新媒体平台进行站外引流推广，接下来，将分别以微博推广、微信推广、社群推广展开。

1. 微博推广

进行微博推广时，可以按照微博的发文要求，将帖子的主题内容进行提炼，字数控制在 140 字以内，并根据情况添加图片、视频、论坛帖子链接等。

在自身微博粉丝数不够多的情况下，还可以借势营销。如广西卫视制作的《广西故事》纪录片，讲述了广西铜鼓，就可以转发相关微博，评论为帖子内容并添加帖子链接，借助该微博的热度引流至论坛，如图 6-10 所示。

“广西铜鼓，你所不知道的商业价值” 网页链接

图 6-10 转发微博示例

2. 微信推广

微信推广分为两类：一类是朋友圈转发，另一类是公众号推广。

朋友圈转发，指在个人朋友圈发布帖子主题内容并附上链接，呼吁好友转发至个人朋友圈或其他社群。但关于朋友圈信息分享，微信官方有严格的要求，在编写推广信息时需要注意，不要出现图 6-11 所列示的诱导分享行为。

01 强制用户分享：分享后才能进入下一步操作。

02 利诱用户分享：分享后对用户有奖励。

03 胁迫、煽动用户分享：用夸张言语来威胁、诱惑用户分享。

04 提示分享朋友圈：活动页面出现“分享朋友圈”等类似字样。

05 其他：用按钮、弹层、弹窗来诱惑用户分享。

图 6-11　诱导分享行为

若发布的朋友圈内容中包含以上情况，一经发现，立即停止链接内容在朋友圈继续传播，停止对相关域名或 IP 地址进行访问，短期封禁相关开放平台账号或应用的分享接口；对于情节恶劣的情况，永久封禁账号、域名、IP 地址或分享接口。

公众号推广可申请开通专用的公众号，在公众号发布内容引流，具体可参考项目二的内容。也可以搜索相关有热度的公众号，后台联系管理员进行投稿，借助成熟的、有流量的公众号进行推广引流，如图 6-12 所示。

17:24
锦绣广西
「民 · 俗」壮族铜鼓丨敲响前世今生
原创 锦绣广西 2017-07-27
作者
匠·艺
世界铜鼓在中国
中国铜鼓在广西
广西铜鼓在壮乡
铜鼓“咣……”

图 6-12　微信公众号示例

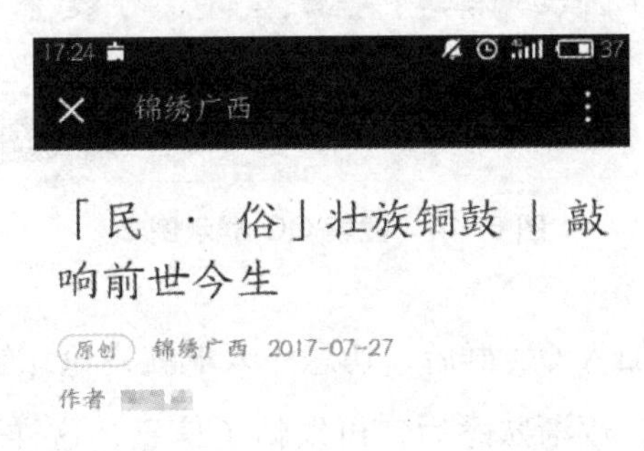

3. 社群推广

社群推广是指在微信群或QQ群发布帖子链接，增加帖子点击率。以QQ群为例，可以在QQ搜索相关主题群，如图6-13、图6-14所示。

图6-13　搜索QQ群示例1

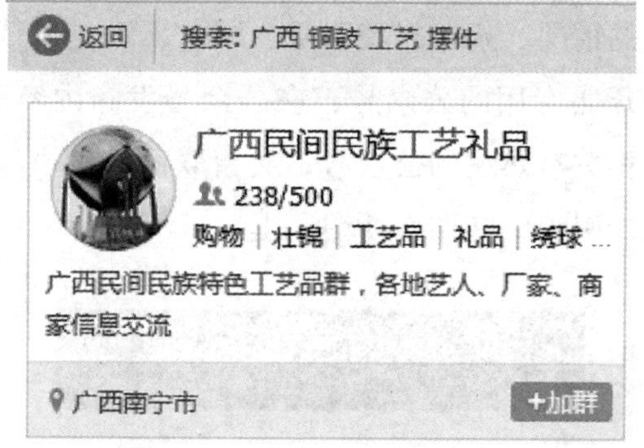

图6-14　搜索QQ群示例2

需要注意的是，申请加入QQ群后，切忌一入群就发论坛链接，而首先应该与群内用户友好互动，积极交流，逐渐熟悉后，再发帖子信息，这样可以有效避免广告嫌疑，降低被管理员清理出群的风险，同时引流效果也比较好。

五、论坛内容维护

帖子发出后，时刻关注帖子的回复量，如图6-15所示。回复量较低时，要及时分析原因，并积极进行维护，避免沉帖。

IP属地:湖北 ⓘ　⚠举报　来自Android客户端　11楼　2024-04-05 20:45　回复(16)

图6-15　“百度贴吧”页面示例

以下是论坛内容维护的技巧，可以结合具体情况参考操作。

1. 解决问题

在论坛中，解答用户问题可以增加经验值或积分。但是在解答问题之前，应该选择自己比较熟悉的问题，这样才能够与用户形成连续性的友好互动。此外，解答其他帖子中的问题时，最好能把自己的帖子向他人宣传，以提升帖子的关注度。

2. 积极回帖

利用论坛营销是一个循序渐进的过程，如果一味单方面地宣传自己的帖子，不与用户互动，很容易让人感觉这是广告帖，而适当地把握好这个度，如论坛上的热门帖主动积极地去评论，最好能够认真写出自己的感悟，不能太敷衍，避免仅用一些客套的词语回复，持之以恒的话则会有很大的收获。

3. 踊跃顶帖

帖子发出后，如果不去跟踪维护，那么很快就会沉帖，尤其是人气比较旺的论坛，沉帖了就不能起到营销的作用。应该踊跃地把帖子顶上去，增加帖子存在感，吸引目标用户浏览。

此外，还可以针对自己产品用户群选择一些比较火的文章进行顶帖。注意顶帖时不要回复“好帖”“路过”等一系列苍白的评论，太过频繁的此类操作，被管理员发现之后，会直接删除帖子，如果顶帖过多，并且持续处于被管理员删除的状态，很容易导致网站降权。

4. 邀请好友

帖子发布完毕之后，应该第一时间邀请论坛好友参与话题讨论，以增加帖子的浏览量。

任务总结

本小节主要讲解了论坛选择与账号建立、论坛内容策划、论坛内容编辑、论坛内容引流、论坛内容维护，致力于培养学生独立建立账号并运用论坛进行营销的能力。在学习过程中，学生要在仔细阅读教材的基础上，完成实际操作，并重点掌握论坛内容策划和内容维护的方法。

任务评价

任务评价表					
完成方式	□小组协作完成 □个人独立完成				
评价点					分值
是否最终完成论坛账号的建立					20
能否依据阶段性目标策划选题					20
是否完成论坛图文编辑					20
可否借助其他新媒体平台完成内容引流					20
是否掌握内容维护的技巧					20
总成绩：					
自我评价	（20%）	小组评价	（20%）	教师评价	（60%）
存在的主要问题					

延伸练习

背景交代：

广西横州市是中国最大的茉莉花生产基地，享有“中国茉莉之乡”的美誉。横州市茉莉花世界闻名，茉莉花茶融茶叶之味、鲜花之香于一体，受到很多品茶者的青睐。小吴的网店主要经营广西横州市茉莉花茶，为了能够促进产品销售，提升知名度，小吴准备利用论坛进行引流，请帮助小吴完成此次论坛营销的实施。

步骤分解：

①分析产品特性，提炼出可用于营销的关键点；

②结合百度指数分析用户特征，确定目标用户群；

③根据以上两步，选择合适的论坛，并策划选题；

④编辑论坛帖子内容并发布；

⑤进行论坛营销引流和维护。

任务二　问答营销

任务前导

问答营销是借助于问答社区进行口碑营销的一种方式，通过遵守问答站点的发问或回答规则，巧妙地运用图文、视频等形式将自己的产品和服务植入问答中，实现第三方口碑效应。那么，如何进行问答营销？我们将以一家经营广西民间手工艺品——壮锦壮绣布艺铜鼓的网店为例，如图 6-16 所示，展开问答营销的学习。

图 6-16　广西民间手工艺品——壮锦壮绣布艺铜鼓

任务实施

要充分理解什么是问答营销，需要从以下三个部分展开学习：问答平台选择与账号建立、问答内容的设计与编辑、问答内容的推广与维护。

一、问答平台选择与账号建立

问答平台选择与账号建立需要从以下两个方面进行学习：问答平台选择、账号建立。

1. 问答平台选择

问答平台是新媒体营销中常用的一种平台类型，最具代表性的有百度知道、搜狗问问、360 问答、知乎等。

壮锦壮绣布艺铜鼓是广西壮族民间手工艺品，可以作为朋友、同学之间互赠的礼品，但是代表广西铜鼓文化的壮锦壮绣布艺铜鼓目前的知名度还不够高，尤其是在年轻人当中。

通过在百度知道、搜狗问问、360 问答、知乎等问答平台中搜索“布艺铜鼓”等相关关键词发现，知乎平台上关于广西布艺铜鼓的内容丰富、数量较多，并且知乎是知识性社交平台，其关注度不断上升且平台用户多为年轻人，由此，我们可以选择知乎平台进行账号注册和内容发布。

2. 账号建立

知乎平台账号建立的具体操作步骤如下。

步骤 1：搜索知乎，进入注册登录页面，如图 6-17 所示。根据提示输入手机号，点击“获取短信验证码”，输入收到的短信验证码，点击“注册”。

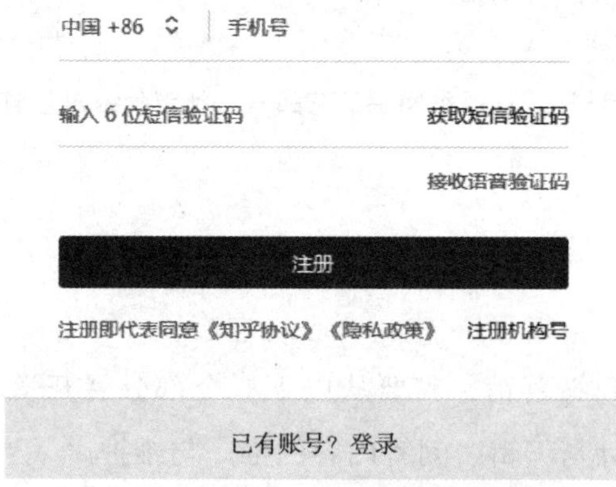

图 6-17　知乎账号注册页面截图

步骤 2：根据提示设置用户名和密码，点击“进入知乎”，如图 6-18 所示。

设置用户名和密码

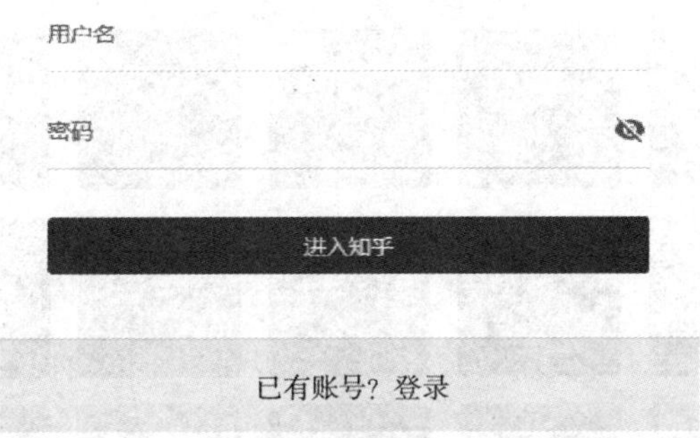

图 6-18　设置用户名和密码页面截图

步骤 3：完成上述操作后，进入“你的职业或专业是什么？”页面，输入相应职业或专业，点击“完成”，如图 6-19 所示。

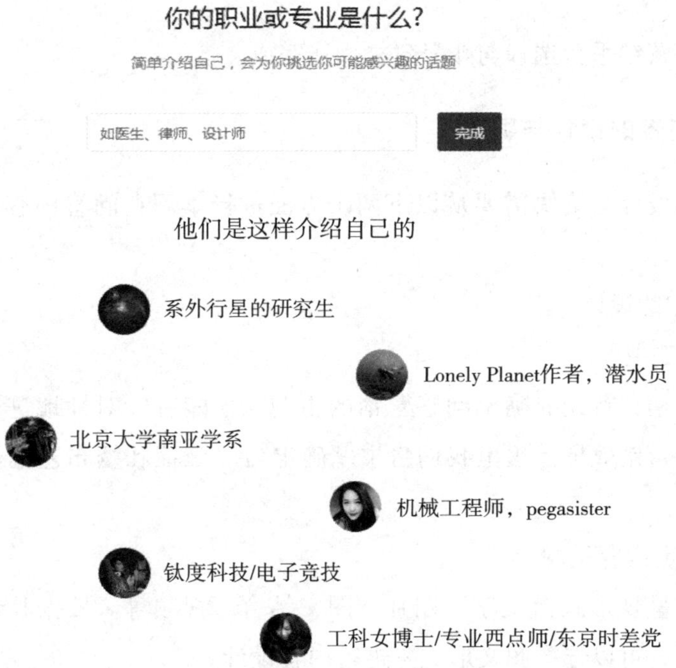

你的职业或专业是什么？

简单介绍自己，会为你挑选你可能感兴趣的话题

如医生、律师、设计师　完成

他们是这样介绍自己的

系外行星的研究生

Lonely Planet作者，潜水员

北京大学南亚学系

机械工程师，pegasister

钛度科技/电子竞技

工科女博士/专业西点师/东京时差党

图 6-19　职业或专业选择页面截图

步骤 4：在“你想关注哪些话题？”页面，选择需要关注的话题，点击“进入知乎”后进入知乎首页，如图 6-20 所示。

图 6-20　关注话题选择页面截图

至此，问答营销平台选择与账号建立操作完成。

二、问答内容的设计与编辑

问答内容的设计与编辑需要从以下两个方面进行学习：问答内容的设计、问答内容的编辑。

1. 问答内容的设计

步骤 1：确定主题。

进行问答营销，首先要确定问答营销的主题，才能有针对性地进行问答内容的设计，达到更好的营销效果。这里我们将主题确定为“壮锦壮绣布艺铜鼓”创意礼品的宣传。

步骤 2：确定内容呈现形式。

常见的内容呈现形式有文字、图片、图文结合、视频等。根据壮锦壮绣布艺铜鼓的宣传推广需要，可以选择图文形式来进行内容设计。

2. 问答内容的编辑

步骤 1：选取关键词。

做问答营销推广，首先必须明确要推广的关键词，选择正确合理的关键词，会让问答营销更具有穿透力。

壮锦壮绣布艺铜鼓是体现广西特色铜鼓文化的民间手工艺品，在关键词选取中，可以提炼出如“铜鼓”“布艺铜鼓”“手工艺品”等关键词，在设计问题时可以从选取的关键词出发进行提问。

步骤 2：设计问题。

问答营销问题设计主要从以下三个方面进行。

第一，围绕选取的关键词进行问题设计和语言组织，如可以将问题设计为“在广西旅游，想买一些具有当地特色的礼物送朋友，大家觉得买什么合适呢?”通过问题情境的设计，不仅可以让用户了解壮锦壮绣布艺铜鼓是广西特色手工艺品，而且体现了产品可以用来送朋友这一特性。

第二，在“添加话题”部分，可以添加关键词作为话题，增加所设计问题被用户搜索到的概率，提高产品的关注度。

第三，在“问题描述”部分添加相应的图文说明，帮助用户进一步了解壮锦壮绣布艺铜鼓这一产品的详细信息。

步骤 3：发布问题。

问答内容发布的具体操作步骤如下。

步骤 1：登录并进入知乎平台，点击“提问”，如图 6-21 所示。

图 6-21　“提问”所在的页面截图

步骤 2：执行上述操作后，进入问题撰写页面。依次在“问题标题”框中输入设计好的问题、在“绑定话题”框中添加与问题相关的话题、输入问题背景和条件等详细信息，如图 6-22 所示。

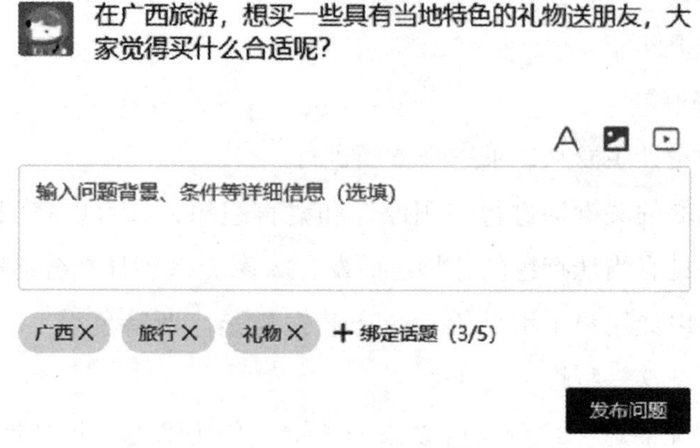

图 6-22　问题撰写页面截图

步骤 3：执行上述操作后，点击“提交问题”，完成提问，如图 6-23 所示。

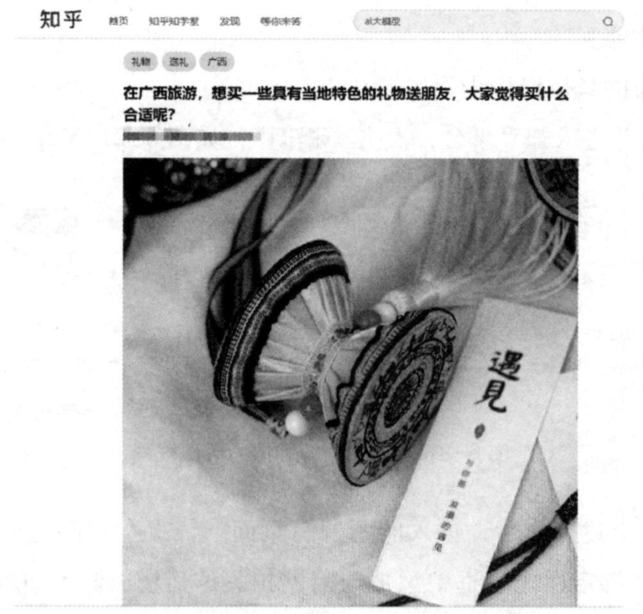

图 6-23　完成提问示例

至此，问答内容的设计与编辑操作完成。

三、问答内容的推广与维护

完成问答平台内容发布之后，接下来需要进行问答内容的推广与维护，可以从以下两个方面进行：问答内容的推广、问答内容的维护。

1. 问答内容的推广

对壮锦壮绣布艺铜鼓手工艺品进行推广时，可以通过以下操作步骤进行。

步骤 1：点击问题展示页面的“写回答”，可以对所设计问题进行相应的回答，通过强调产品的特性来引起用户关注，完成之后点击“发布回答”即可完成写回答操作，如图 6-24 所示。

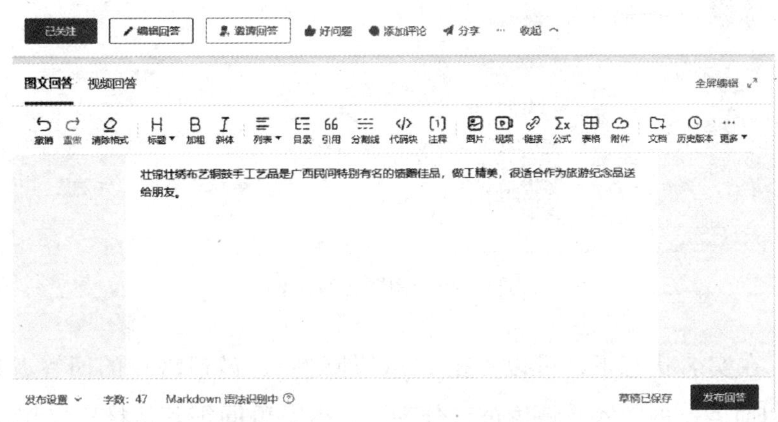

图 6-24 “写回答”页面截图

步骤 2：点击问题展示页面的“添加评论”，可以进一步对问题回答进行补充说明，达到产品的推广宣传效果，完成之后点击“发布”即可完成操作，如图 6-25 所示。

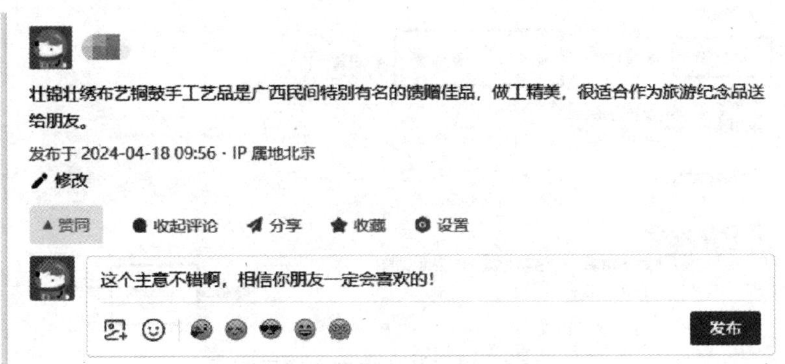

图 6-25 “添加评论”页面截图

步骤 3：点击“分享”可以复制问题链接或者将问题分享到新浪微博、微信等其他平台，如图 6-26 所示。

图 6-26　问题分享示例

步骤 4：在实名状态下，可以点击“邀请回答”，邀请潜在的回答者进行问题回答，同时可以对问题的回答及评论进行分享、收藏、赞同等其他推广操作，如图 6-27 所示。

图 6-27　其他推广方式示例

2. 问答内容的维护

在问答营销中，需要对所推内容进行定期维护，具体要求如下。

①第一个星期回答问题保持每日 1～2 次，大约一个月之后，回复数量可以慢慢增加。

②不要用新号去刷回答，一般被封号的风险很高。

③切忌照搬其他用户的回答，一般会被系统删除，严重的会被举报。

④尽量不要在文段中留下联系方式，同样会被删的，但是不至于被封号。

⑤如果能够把账号升到“大 V”级别，可以在知乎专栏中留下联系方式、二维码、链接等，这都是被允许的。

在掌握了这些维护账号的技巧之后，可以发动自己身边的同学和朋友关注并主动参与回答，从而提升问题的关注度。

至此，问答内容的推广与维护操作完成。

任务总结

本小节主要讲解了问答平台选择与账号建立、问答内容的设计与编辑、问答内容的推广与维护。通过本节内容的学习，需要重点掌握问答营销的内容设计以及问答营销的推广，并能够运用所学内容独立进行问答营销的操作。

任务评价

<table>
<tr><td colspan="6">任务评价表</td></tr>
<tr><td colspan="2">完成方式</td><td colspan="4">□小组协作完成
□个人独立完成</td></tr>
<tr><td colspan="5">评价点</td><td>分值</td></tr>
<tr><td colspan="5">对问答营销平台的选择是否合理</td><td>20</td></tr>
<tr><td colspan="5">内容设计是否符合产品宣传要求</td><td>20</td></tr>
<tr><td colspan="5">内容编辑操作步骤是否准确</td><td>20</td></tr>
<tr><td colspan="5">对推广方式的选择是否合理</td><td>20</td></tr>
<tr><td colspan="5">平台维护操作是否符合要求</td><td>20</td></tr>
<tr><td colspan="6">总成绩：</td></tr>
<tr><td>自我
评价</td><td>（20%）</td><td>小组
评价</td><td>（20%）</td><td>教师
评价</td><td>（60%）</td></tr>
<tr><td colspan="6">存在的主要问题</td></tr>
<tr><td colspan="6"></td></tr>
</table>

延伸练习

背景交代：

八角是广西特有的经济树种，是制作香皂、化妆品、牙膏、甜香酒、啤酒和糖果等物品的香料，又具有祛风、健胃、祛疾、止咳等药用价值，是广西的著名特产和传统出口产品之一。小李的网店就经营这种香料，但生意一直不温不火，有朋友建议小李借助百度知道进行问答营销，提升产品知名度，请帮助小李完成问答营销的策划和实施。

步骤分解：

①分析产品特性，提炼出可用于营销的关键点；

②结合百度指数分析用户特征，确定目标用户群；

③根据以上两步，完成百度知道问答营销账号注册，并策划选题；

④编辑问答内容并发布；

⑤进行问答内容引流和维护。

思政园地

其他营销运营中的侵权风险

在新媒体营销的多样化策略中，贴吧营销和问答营销因其高效的用户覆盖率和强大的社区互动功能而受到企业和个人的青睐。然而，在执行这些营销策略时，侵权风险同样是不容忽视的问题。以下将从两个方面进行分析。

一、贴吧营销与问答营销中侵权的表现形式

①内容侵权：在贴吧和问答平台上，未经授权转载、使用他人的文章、图片、视频等内容，是常见的侵权形式。这不仅侵犯了原作者的知识产权，还可能因内容不实造成信息误导。

②虚假宣传侵权：在这些平台上进行产品宣传时，夸大产品效果、发布虚假信息等行为，可能侵害消费者权益，造成不良社会影响。

③侵犯个人隐私权：在进行问答营销时，可能会涉及收集使用用户信息的环节，

未经用户同意擅自收集、使用、泄露用户个人信息，侵犯隐私权。

二、贴吧营销与问答营销中的侵权风险防范

①建立合法内容审查机制：对营销内容进行严格的审核，确保所有发布的内容均已获得授权，或者属于合法的公共领域内容。

②加强知识产权保护意识：教育和培训营销团队，增强其对知识产权的尊重和保护意识，避免因无意识的侵权行为造成法律风险。

③明确标示广告信息：在发布的营销内容中明确标注“广告”，避免误导读者，确保广告的真实性和透明性。

④尊重和保护用户隐私：在进行问答营销时，应当遵守相关隐私保护法律法规，不收集用户信息或仅在用户明确同意的基础上收集必要的信息，并采取有效措施保护用户数据安全。

通过实施上述措施，可以在避免法律风险的同时，助力企业和个人达成营销目标，维护良好的网络环境和用户权益。

项目七　常见的自媒体平台营销

学习目标

[知识目标]

1. 了解常见的自媒体平台；
2. 理解常见的自媒体平台内容策划；
3. 了解今日头条平台与内容策划。

[能力目标]

1. 掌握常见的自媒体平台的账号申请与运营；
2. 学会利用常见的自媒体平台开展营销活动；
3. 掌握今日头条账号建立与内容编辑；
4. 学会利用今日头条开展营销活动。

[素养目标]

1. 培养学生的自媒体营销思维；
2. 提升学生自媒体营销创作激情。

案例导入

鸿星尔克在自媒体平台营销方面做得相当成功。鸿星尔克在今日头条上推出了许多与运动相关的内容，如健身计划、体育赛事、名人访谈等，这些内容吸引了大量的运动爱好者关注并进行分享，将鸿星尔克一直以来倡导的生活方式——年轻、时尚、阳光充分展示出来，使其在市场上更加受欢迎。

任务一　常见的自媒体平台介绍

任务前导

随着互联网技术的发展，新媒体为自媒体的发展提供了优质信息生产平台，打破了传统媒体“一统天下”的格局，而自媒体这种高速发展的态势也使得其成为时下流行的营销方式，接下来，我们将对常见的自媒体平台类型及特点展开介绍。

任务实施

这里我们介绍目前主流的百家号、QQ短视频、搜狐号。

一、百家号

百家号是百度旗下的内容平台，于2016年9月28日正式对所有作者开放。百家号支持内容创造者轻松发布文章、图片、视频作品。

在百家号发布的内容一经提交，将通过手机百度、百度搜索、百度浏览器等百度系列产品进行多渠道传播，为自媒体人更大范围增加曝光量，这是其他自媒体平台难以媲美的。并且百家号会依据用户搜索习惯进行相关文章推荐，而在内容变现方面，百家号为内容创造者提供广告分成、原生广告和用户赞赏等多种变现机制。

需要注意的是，百家号在注册时，领域一旦选定，就不能修改，所写内容应符合平台所要求的“垂直性”，这使得百家号更适合在某个专业擅长或者某个领域有较多资源的自媒体人。

1. 百家号的申请

申请百家号时，有两个类别可供选择，分别是个人和机构。“个人”适合垂直领域专家、意见领袖、评论家等独立写作人士；“机构”适合媒体、企业或其他以生产内容为主的组织或团体。

步骤1：百度搜索“百家号”，然后点击官网进入，或者直接输入网址（https://baijiahao.baidu.com)，进入百家号页面，如图7-1所示。

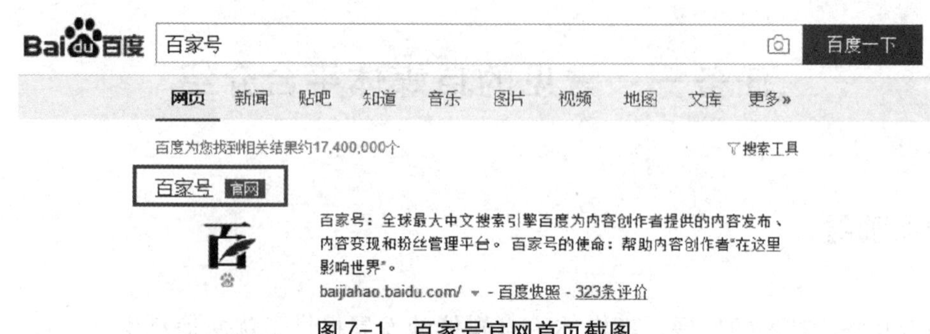

图 7-1 百家号官网首页截图

步骤 2：在官网页面点击“注册”，如图 7-2 所示。

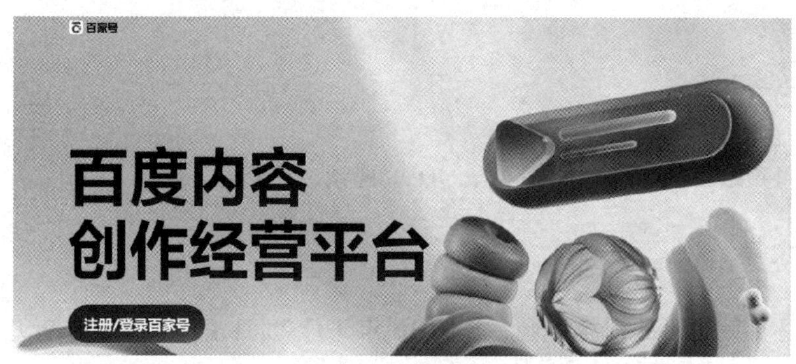

图 7-2 百家号页面截图

注册百家号，必须先有百度账号。单击“立即注册”即可注册百度账号，或者使用短信快捷登录，验证手机号即可登录，未注册将自动创建百度账号，如图 7-3、图 7-4 所示。

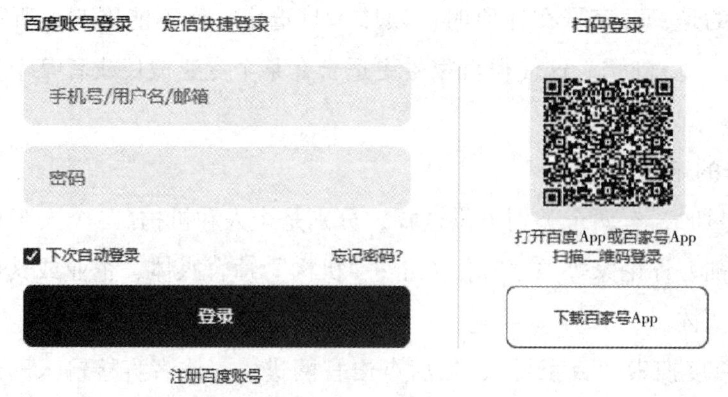

图 7-3 百家号登录页面截图

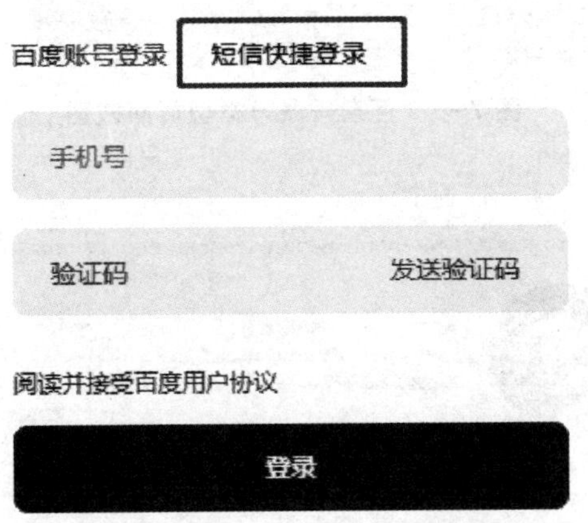

图 7-4　百家号短信快捷登录页面截图

单击“注册百度账号”后，输入用户名、手机号和密码后即可注册百度账号，如图 7-5 所示。需要注意的是，一个手机号只能注册一个百家号。

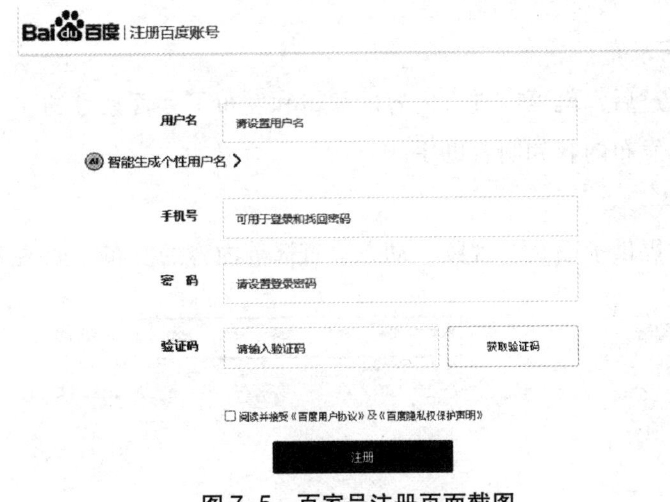

图 7-5　百家号注册页面截图

步骤 3：进入百家号后，根据自身定位及需求选择账号类别，并完善资料，如图 7-6 所示。接下来以个人账号类型为例，具体需要完善的资料如图 7-7 所示。

图 7-6　百家号账号类型页面截图

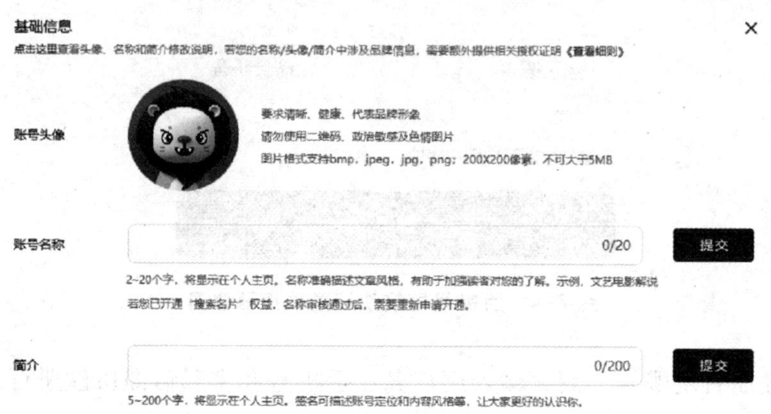

图 7-7　百家号信息填写页面截图

2. 百家号内容发布

百家号审核通过后，就可以进行内容的编辑和发布了，百家号的“发布”模块下，有两个基础功能：发布内容和内容助手。

（1）发布内容

百家号为用户提供了图文、视频、动态、直播等内容的发布，如图 7-8 所示。

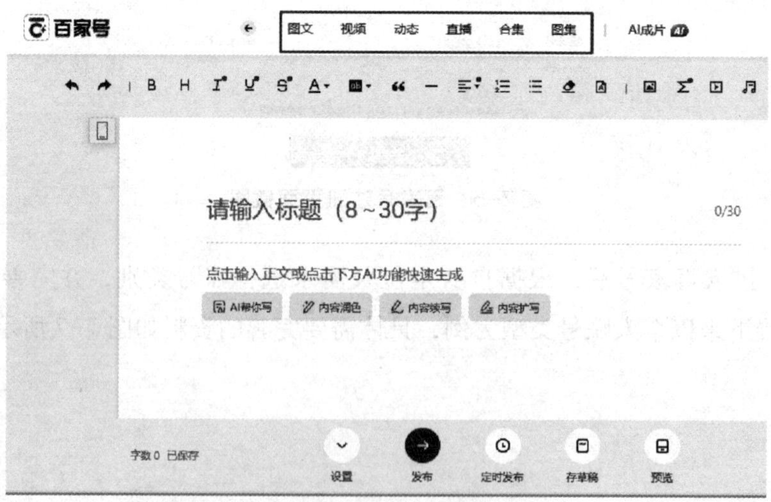

图 7-8　百家号内容类型页面截图

以发布图文为例，百家号文章标题至少为 8 个汉字，最多为 30 个汉字。此外，利用百家号编辑器可以实现精美排版，利于提升作者创作体验。

在发表图文时，百家号有两个基础功能：封面和分类。

①封面。为文章选择封面图片，且图片均来自文章中已有的图片，选择三图模式更利于文章的传播和扩散，其中，封面图尺寸不得小于 218×146 像素，否则无法作为封面图，如图 7-9 所示。

图 7-9 百家号封面设置页面截图

②分类。为文章选择分类，便于百家号将内容推荐给精准的用户，以提升文章阅读量，如图 7-10 所示。

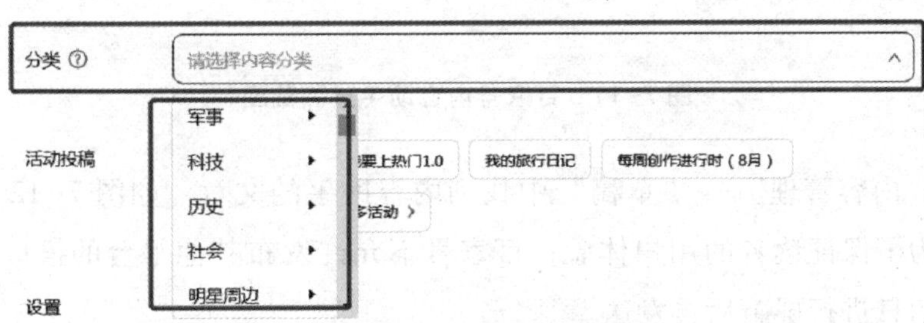

图 7-10 百家号文章分类页面截图

当图文编辑完毕，单击“发布”时，系统将弹出“选择关键词”对话框。系统根据图文内容选出若干关键词，作者可根据文章的实际归属选择最为贴切的关键词，从而便于系统的精准推荐。

百家号官方对于关键词的选取给出了三个字的建议：准、精、多。

“准”指的是发布文章的时候，一定要选准文章分类，准确的文章分类对于后续选取关键词至关重要，将直接影响推荐的数量和效果。

“精”指的是尽量选取最精确的关键词，最好是文内出现的事物，如推广广西壮锦，“广西”“壮锦”就可以作为关键词。关键词越精确，阅读反馈越好，也就有机会获得系统的更多推荐。

“多”指的是关键词数量尽量选够，能多选就多选，这样才能最大化地获得推荐。

（2）内容助手

用户可以通过“内容助手”将其他平台的文章同步至百家号。目前百家号支持头条号和爱奇艺号等，如图 7-11 所示。

账号设置　功能设置　内容助手　账号关联　渠道设置　商品设置　黑名单管理

内容助手功能自动帮助作者将其他平台文章同步到百家号。百家号不允许发布其他平台的推广信息，如您待同步的内容存在此情况，建议您关闭自动发布。

平台	关联账号	操作
微博	未关联	开通同步
头条号	未关联	开通同步
爱奇艺号	未关联	开通同步
小红书	未关联	开通同步
抖音	未关联	开通同步
微头条	未关联	开通同步
快手	未关联	开通同步

图 7-11　百家号内容助手页面截图

可以在“内容管理”—“草稿”中找到内容助手的文章，如图 7-12 所示。需要注意的是，为了保证读者的用户体验，百家号不允许发布其他平台的推广信息，百家号会对此类信息进行屏蔽后再发送。

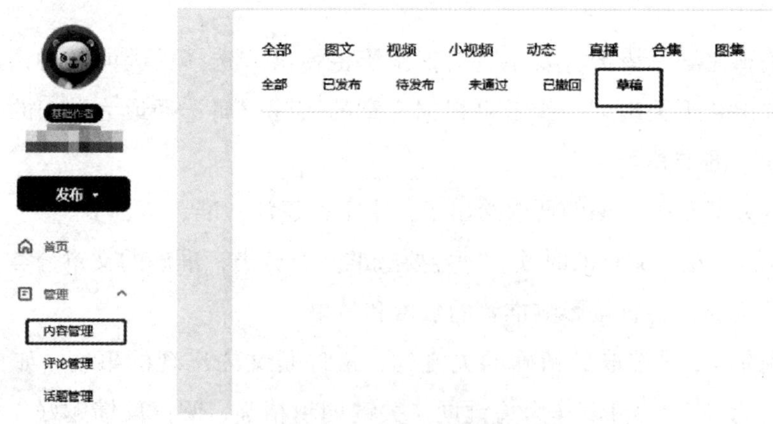

图 7-12　百家号内容管理页面截图

3. 百家号的运营

百家号的运营即内容的推广，需要从以下三方面着手。

首先，所发布的内容符合百家号的规范。这里重点强调百家号发文规范与其他自媒体平台不同的地方：

①标题不允许含有“幽默笑话”“搞笑精选”“趣味笑料”等字眼；

②百家号不允许发布与账号类别不符的内容；

③封面图不允许含有水印；

④图片不允许与文章标题或正文不匹配；

⑤文章中不允许出现带有“微信公众号”字样的内容。

其次，要提升文章内容的吸引力，内容的优劣是内容推广的根基，直接影响文章的营销推广效果，因此作者在进行文章编写时应对文章的选题、内容的编写、图片的搭配进行慎重考虑：

①文章标题简洁有力，具备话题性且不低俗；

②根据文章定位选取恰当的分类；

③挑选合适的关键词；

④使用三张图片的封面更吸引读者；

⑤在专注领域内发文。

最后，文章内容的推广。文章要想被更多的人看到，就不能完全依靠百家号的自然流量，还需要依靠作者进行站外的推广，其中包含了微博、微信、论坛等其他推广平台的联合推广，加大文章的覆盖范围，增加读者看到的机会。

二、QQ 短视频

QQ 短视频是腾讯推出的一款社交媒体应用，用户可以通过 QQ 空间、QQ 消息、QQ 好友等渠道上传和分享短视频内容。与其他短视频平台相比，QQ 短视频更注重社交属性，用户可以通过短视频直播、评论、点赞等方式与其他用户互动。

短视频的使用门槛相对较低，它所承载的内容更加直接明了，更加易于传播。

注册 QQ 后，在 App 底部“短视频”界面上传视频，即可成为平台创作者。

步骤 1：打开 QQ，在登录界面选择“新用户注册”，填写手机号码，输入收到的短信验证码，设置 QQ 账号昵称、密码，即可完成 QQ 账号注册。如图 7–13 所示。

图 7-13　QQ 账号注册界面截图

步骤 2：在 QQ 底部导航栏下找到“短视频”图标，如图 7-14 所示。点击进入“短视频”界面，点击下方“+”号选项可以选择“拍摄”“相册”“灵感库”，进行视频的拍摄或者上传。如图 7-15 所示。

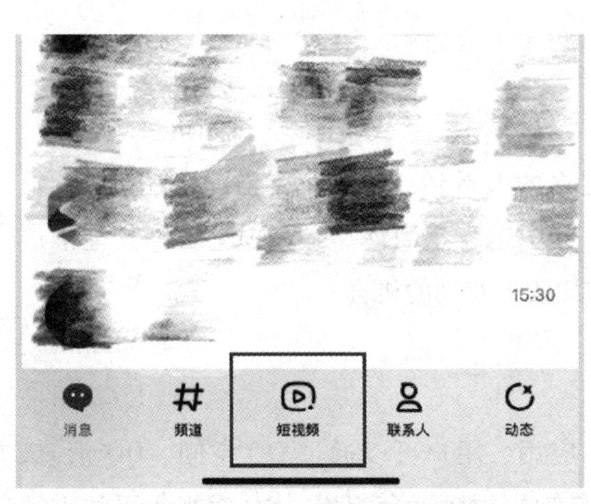

图 7-14　“短视频”图标截图

图 7-15　“短视频”上传界面截图

步骤 3：根据自己的需要，进行选择图片或者视频，点击“去编辑”，可以进行视频剪辑、选择音乐、增加特效等。如图 7-16 所示。

图 7-16　“短视频”编辑示例

步骤 4：完成视频编辑后，进入“下一步”界面，填写好相关话题，点击发布即可。如图 7-17 所示。

图 7-17　“短视频”发布界面截图

"短视频"中可浏览的内容是"广场式"的，并非像QQ空间一样只可看到好友的发布内容。该功能向用户提供了"圈子""关注""朋友"和"广场"四个板块。用户会被推送一些非QQ好友发布的内容，并且可以关注这些账号，成为其"粉丝"从而持续关注其内容。

"短视频"用户可以在任一内容下进行点赞、评论和推广，被用户点击推广的内容将在该用户主页界面的"推过"板块中显示。如果一条内容频繁被用户推广，则会被放置于"众推"板块中被更多用户看到，同时每条内容的右下方设置了分享给QQ好友、微信好友或分享到朋友圈的端口。

三、搜狐号自媒体平台

搜狐号自媒体平台又称"搜狐号"，是集搜狐网、手机搜狐网和搜狐新闻客户端三端资源大力推广优质内容的平台。

相比于其他自媒体，搜狐号可供入驻的领域较少，主要包括时尚、健康、教育等领域。但是，搜狐号具有亿级流量，文章只要发布一次，便可在搜狐三端同步显示。根据垂直领域的类别，编写的文章选择相应的分类即可发布至相应频道，利用搜狐三端平台强大的媒体资源，可获得可观的流量，进而达到营销的目的。

此外，搜狐号可以直接进行广告推广，只要成功入驻搜狐，在文章末端都可以直接插入广告链接，直接做推广，这是非常有优势的。同时，搜狐是百度的新闻源，其搜索权重占比高，只要文章符合用户搜索习惯，便可出现在百度搜索结果中，从而获得巨大流量。

1. 搜狐号的申请

步骤1：进入搜狐号官网，点击"注册账号"，进入"注册"页面，根据提示输入相关信息，如图7-18所示，搜狐号提供了6种入驻类型供选择，如图7-19所示。

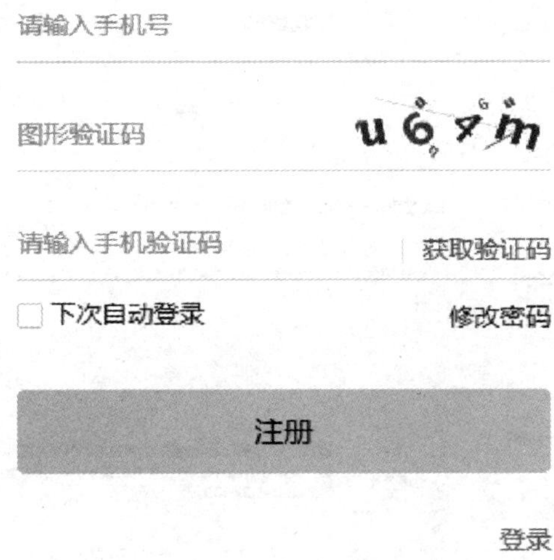

图 7-18　搜狐号注册页面截图

个人
面向个人，如垂直领域的专家、达人、爱好者及其他自然人
· 需提供：身份证证件信息

媒体
面向报纸、杂志、广播电视台、电台、互联网等媒体开放内容发布平台，共享亿万移动用户
· 需提供：营业执照或法人证书、入驻授权书

群媒体
面向专注于内容生产的公司、创作团队及MCN，共享开放平台
· 需提供：身份证证件信息、营业执照、入驻授权书

企业
面向企业、机构以及其他提供内容或服务的组织申请共享海量流量资源，扩大自身品牌影响力
· 需提供：身份证证件信息、营业执照、入驻授权书

政府
政务公开：面向国家各省区市的各级党政机关，为扩大政务信息公开而打造的政务平台
· 需提供：统一社会信用代码证书或法人证书、入驻授权书

军队
面向国家各地区各级现役部队单位、官方军事媒体，以传递中国军队信息，发出中国军方声音为主
· 需提供：军事领导机构审批文件书、入驻授权书

图 7-19　搜狐号入驻类型页面截图

步骤 2：以“个人”申请入驻为例，执行操作后，进入“填写资料”页面并进行搜狐号信息登记，需要填写账号名称、账号介绍等信息，如图 7-20 所示。

图 7-20　搜狐号信息登记页面截图

步骤 3：完成“搜狐号信息登记”后，还需要进行“运营者信息登记”，填写运营者姓名、居住地址等信息，并勾选“同意《搜狐号服务协议》《搜狐隐私协议》”复选框，然后点击“提交”，如图 7-21 所示。

步骤 4：搜狐号注册完成后，用户可以在登录页面使用账号登录、手机登录和第三方登录的方式进行登录，如图 7-22 所示。

图 7-21　运营者信息登记

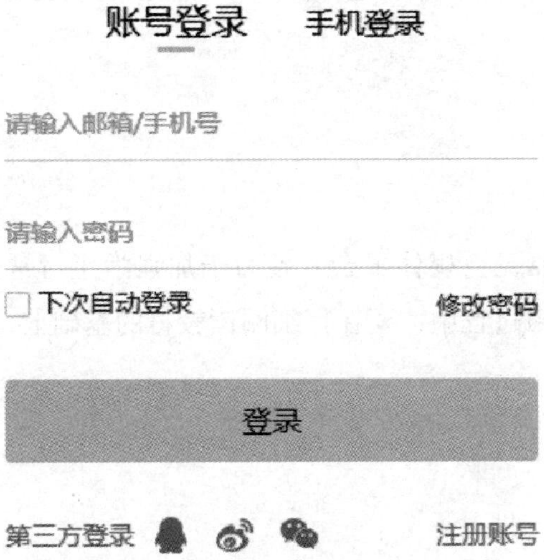

图 7-22　搜狐号登录页面截图

需要注意的是，一旦入驻搜狐号，登录方式是无法更改的。因此，搜狐官方建议对于公共维护的平台账号，不要使用私人邮箱、手机号等进行注册，也尽量避免使用私人微信、微博等第三方合作账号授权登录搜狐，以免对之后的运营造成困扰。

2. 搜狐号的运营

搜狐号的运营可从发文规范、处罚措施、利用高搜索权重、特色分析四个步骤展开。

步骤1：发文规范。

搜狐号发文规范具体可以查阅《搜狐平台公约》。

步骤2：处罚措施。

搜狐官方对违反平台运营规则的账号进行严厉处罚，其中最严重的是永久封号。

步骤3：利用高搜索权重。

搜狐号是传统的门户网站巨头，其强大的搜索优势，使得文章可以快速被纳入搜索引擎中。

步骤4：特色分析。

搜狐号相比其他自媒体平台，有其显著的特色，其中较为明显的是免费广告栏推广和添加广告链接。

①免费广告栏推广。可以在搜狐公众平台的后台“推广”项目栏中添加两则广告信息。

②添加广告链接。除了可以在自己的搜狐号添加广告栏推广自己的公众号之外，还可以添加电商链接。如果有自己的网店，可以直接将店铺的链接添加到广告栏中，售卖商品获得收益。

任务总结

本小节主要介绍了常见自媒体平台，致力于加强学生对常见自媒体平台的区分认识以及运用能力。在学习过程中，要在仔细阅读教材的基础上，完成实际操作。

任务评价

<table>
<tr><td colspan="6">任务评价表</td></tr>
<tr><td colspan="2">完成方式</td><td colspan="4">□小组协作完成
□个人独立完成</td></tr>
<tr><td colspan="5">评价点</td><td>分值</td></tr>
<tr><td colspan="5">是否最终完成百家号的建立</td><td>20</td></tr>
<tr><td colspan="5">是否掌握百家号发文规范</td><td>20</td></tr>
<tr><td colspan="5">是否明确 QQ 短视频的相关操作</td><td>30</td></tr>
<tr><td colspan="5">是否明确搜狐号永久封号涉嫌的违规行为</td><td>30</td></tr>
<tr><td colspan="6">总成绩：</td></tr>
<tr><td>自我
评价</td><td>（20%）</td><td>小组
评价</td><td>（20%）</td><td>教师
评价</td><td>（60%）</td></tr>
<tr><td colspan="6">存在的主要问题</td></tr>
<tr><td colspan="6"></td></tr>
</table>

延伸练习

背景交代：

小青想要借用自媒体平台推广家乡的特产沙田柚，但他对主流自媒体平台并不是很熟悉，于是计划系统了解百家号、QQ 短视频、搜狐号这三个平台，并发布与沙田柚相关的内容。

步骤分解：

①分别按步骤完成百家号、QQ 短视频、搜狐号这三个账号的注册，需要注意不同账号注册时的要点；

②账号注册成功后，熟悉不同平台的发文规范；

③分析各个平台的易操作性，结合自身需求选择其中一个平台进行发文；

④按照选定的平台要求完成第一次发文。

任务二　今日头条平台介绍

任务前导

在任务一中，我们介绍了百家号、QQ 短视频、搜狐号的相关营销知识，除此之外，今日头条也是备受欢迎且非常重要的一个自媒体营销渠道，它与微信、微博被称为“两微一端”。那么，如何在今日头条展开营销？接下来我们将以广西最具特色的工艺品壮锦壁挂为例展开讲解。

任务实施

今日头条营销需要从四个方面展开操作：账号建立、内容策划、内容编辑及内容运营。

一、今日头条账号建立

今日头条账户申请可以在 PC 端也可以在移动端完成，其申请步骤一样，现以 PC 端为例讲解账号建立的过程。

步骤 1：进入今日头条平台页面。百度搜索“今日头条”，然后点击官网进入，或者直接输入网址（https：//www. toutiao. com），进入今日头条平台页面，如图 7－23 所示。

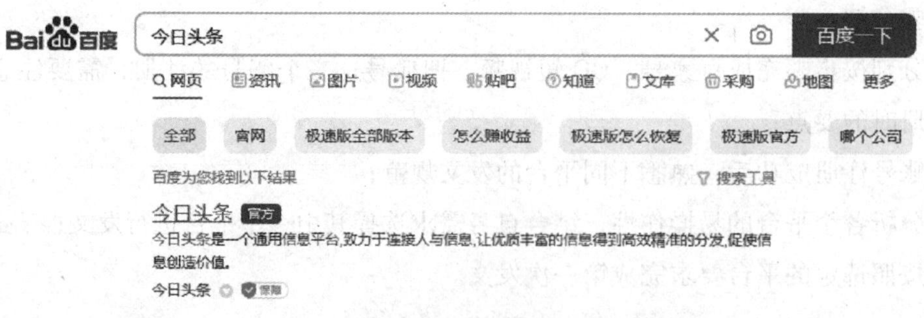

图 7-23　百度搜索今日头条结果页面截图

步骤 2：进入今日头条首页，点击页面右上方“登录”，如图 7–24 所示。

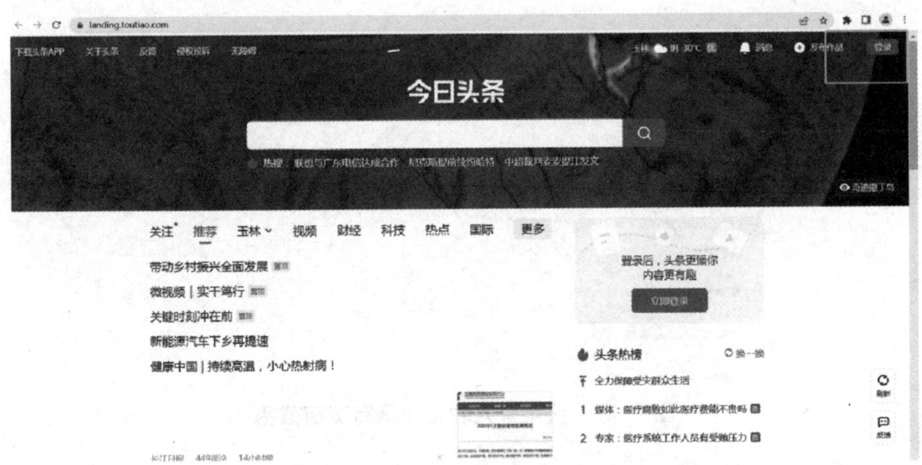

图 7–24　今日头条首页截图

进入登录页面后，输入手机号并获取验证码登录。一个手机号仅能注册一个头条号，当然，也可以用其他社交账号登录，如 QQ、微信等，如图 7–25 所示。

图 7–25　今日头条登录页面截图

步骤 3：登录成功后，点击右上角“发布作品”进入头条号，如图 7–26 所示。

图 7–26　头条号页面截图

进入头条号后，进行入驻资料的填写和认证，如图 7-27 所示。

账号详情　功能设置　黑名单

账号信息　用户名　编辑

用户简介　填写简介更容易获得大家的关注哦　编辑

用户头像　更换头像

头条号类型　暂无　去完善

头条号ID　复制ID

联系方式　暂无　编辑

内容类别　暂无　编辑

图 7-27　头条号入驻资料填写页面截图

具体填写内容可参考如下内容。

①账号名称：壮锦文化密码。

②账号介绍：以棉纱为经，以彩色丝绒为纬，织就壮锦文化。

③账号头像：可选择美观且品质优良的壮锦壁挂实物图，图片须保证清晰无水印，最大 5M。需要注意的是，请勿使用二维码作为账号头像。

步骤 4：完成头条号的注册后，页面会自动跳转至头条号的后台，在该页面用户可以完成内容的发布、管理、分析等操作，如图 7-28 所示。

图 7-28　头条号主页页面截图

二、今日头条内容策划

在建立了自己的头条号后，接下来就要着手内容策划。在进行内容策划前，需要有整体性的思考与规划，从以下三个方面展开。

1. 发文频道

在今日头条资讯涵盖的二十多个领域中，根据要营销的产品选择自己发文要涉及的领域，以计划进行营销的工艺品壮锦壁挂为例，因广西旅游特色较为突出，可选择在旅游频道进行发文，更方便目标群体接收到营销信息，如图 7-29 所示。

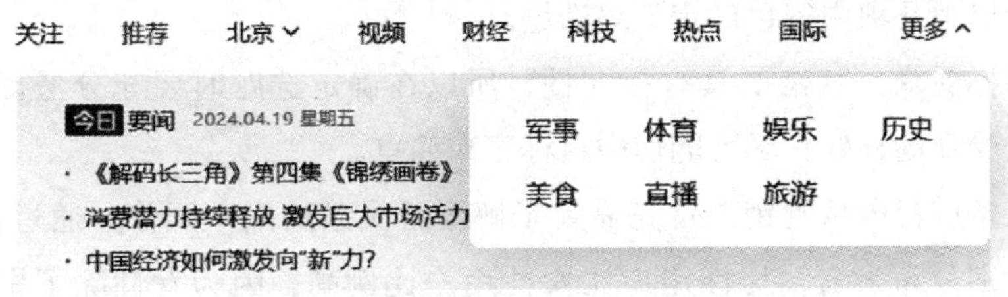

图 7-29　今日头条发文频道截图

2. 发文方案

要确定自己在该平台发布文章的具体安排，如安排一周发几篇文章。

3. 观察平台

在发文前可以在平台搜索有类似内容的账号进行学习，总结他人经验，减少自我摸索的时间，减少犯错的概率。

确定了发文频道和发文方案后，需要根据以下步骤完成今日头条内容策划的操作。

步骤 1：明确选题类型。

根据选定的发文频道，进一步明确选题类型。在进行这项操作时，需要广泛收集资料，从多方面了解常见的选题类型，如常规选题、热点选题、系列选题、专项选题。并进一步明确不同选题类型各自的开发特色。

选题类型	开发特色
常规选题	
热点选题	
系列选题	
专项选题	

步骤 2：确定选题方式。

根据收集的选题类型确定选题方式。确定选题方式时，可以根据自己的特长或产品的特点选择合适的选题方式。如广西壮锦壁挂营销，因壮锦丰富的文化内涵，就可以选择系列选题多角度、多层次展开营销。

广西壮锦选题方式	系列选题
学生选题方式	

步骤 3：确定选题内容。

需要结合以下几项内容，确定最终选题。

①考虑目标受众。营销要具有指向性，所以在确定选题时要充分考虑目标受众，并结合大部分受众的喜好，尽可能切中目标客户痛点。

在今日头条进行产品营销，首先需要了解今日头条的用户画像。通过百度指数分析可知，从性别分布来看，男性用户比女性用户比例高，因为女性除了资讯需求外，在购物、美妆等方面的需求较大；从用户年龄分布来看，用户偏年轻化，30~39 岁用户占比最高，20~29 岁、40~49 岁用户占比较为突出，如图 7-30、图 7-31 所示。

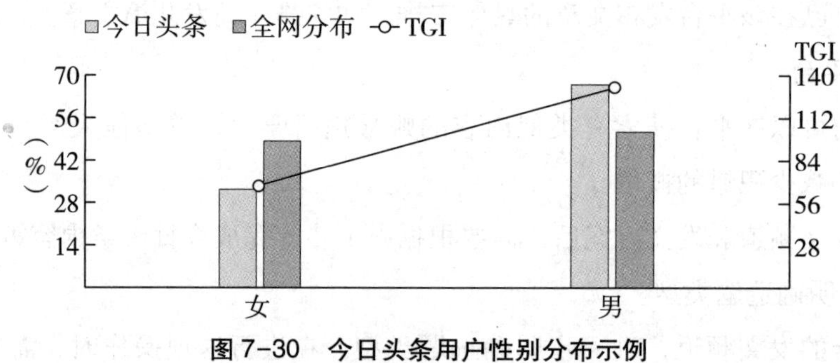

图 7-30　今日头条用户性别分布示例

注：TGI（Target Group Index），指目标群体指数。TGI=（目标群体中某一特征的群体所占比例/总体中具有相同特征的群体所占比例）×100%。

形成这种分布态势主要有以下三个原因。

a. 今日头条资讯形式丰富多样，包括图文、短视频和直播，符合用户的多场景需求。

b. 今日头条内容丰富，频道类型多，满足多种用户的喜好。

c. 采用千人千面的精准推荐模式，用户只接收到自己感兴趣的内容，符合当前年轻人对资讯个性化、定制化的需求。

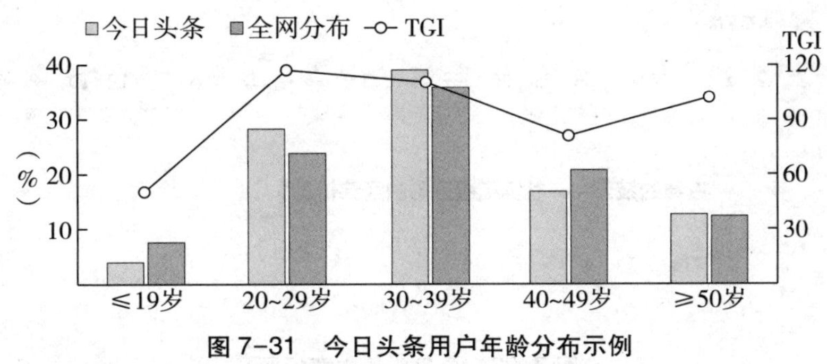

图 7-31　今日头条用户年龄分布示例

熟悉了今日头条用户画像后，结合具体数据进一步细化广西壮锦壁挂的目标用户画像，如喜欢传统文化、热爱手工艺产品、具有一定的艺术修养。可以初步确定选题内容要围绕这几方面展开。

②具有话题性。选题需要具备可操作性、时效性、话题性、传播性。这样才能在用户间形成传播效应。因为今日头条的用户偏年轻化，选题内容的设置还要考虑目标用户年轻化的特性，用语可以相对活泼，创造利于传播的内容，如“纯手工制作的壮锦，你没见过的文化艺术!”

③围绕主体。选题要与主体产品定位一致，不能生造概念，杜撰历史。

结合上述内容，广西壮锦的营销，可以针对壮锦是我国优秀文化遗产以及壮锦的纺织工艺展开。

广西壮锦选题	优秀文化遗产以及壮锦的纺织工艺
学生选题类型	

三、今日头条内容编辑

今日头条内容策划完成后，可以通过以下步骤着手进行内容编辑。

步骤 1：编写文章标题。

根据确定的选题内容，如“壮锦的纺织工艺”，编写合适的标题。由于今日头条是依据机器推荐算法驱动的，在这种推荐机制下，标题言简意赅，主题明确清晰，更有利于机器判读文章所属的领域及对应的用户群并进行推荐。此外，今日头条对标题的字数有限制，一般为 2~30 个字，可依据发文规范调整、完善标题，如图 7-32 所示。

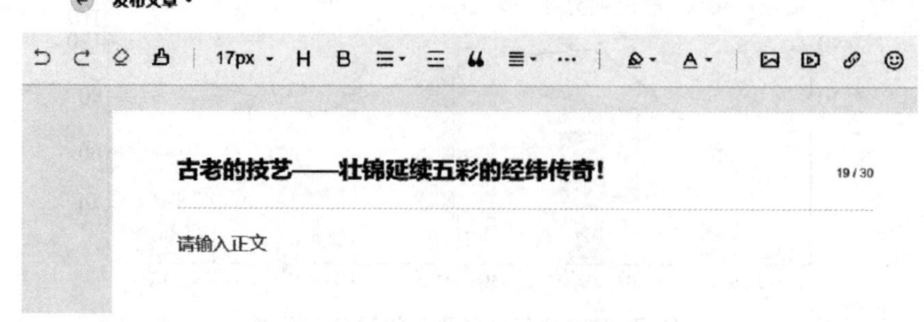

图 7-32　今日头条文章标题

此外，有一些共性的标题撰写技巧可供参考，可依据具体选题参考引用。

①提出疑问。可多用疑问、反问、设问等问句形式命名标题，也可制造悬念或利用标题营造某种情感，引发读者共鸣。

②特定视角。明确文章的目标用户，从目标用户视角出发，容易让用户有较强的代入感与认同感。

③贴近热点。利用高流量关键词、热门词条都可以。

④套用公式。3 段式公式：描绘内容+引起关注+留下悬念，如果文章非知识干货或较正规的内容，可以用三段式的标题写作手法，增强故事感。如“一个人、半个世纪坚守，与千年流芳的壮锦技艺”。

⑤制造画面感。有画面感的标题更能吸引读者探究的欲望。

⑥讲故事。描述一段过程，激发读者的好奇心，可作为系列选题开发。如“听奶奶讲故事（1）：一幅壮锦”。

⑦提供实用性方案。如“探访广西壮锦传承人，讲述壮锦制作过程”。

步骤 2：确定要发表的内容类型和内容风格。

头条号的内容形式包括文章、微头条、问答和视频这几种，可根据之前的规划选择合适的内容类型即可，如图 7-33 所示。

以发表文章为例，这里需要结合具体选题确定内容风格。如规划内容是壮锦的纺织工艺普及知识，就可以选定图文并茂、生动活泼的叙述风格。除了叙述风格外，还可选用抒情风格、严肃风格、幽默风格等，可以详细了解后依据具体内容规划选用。

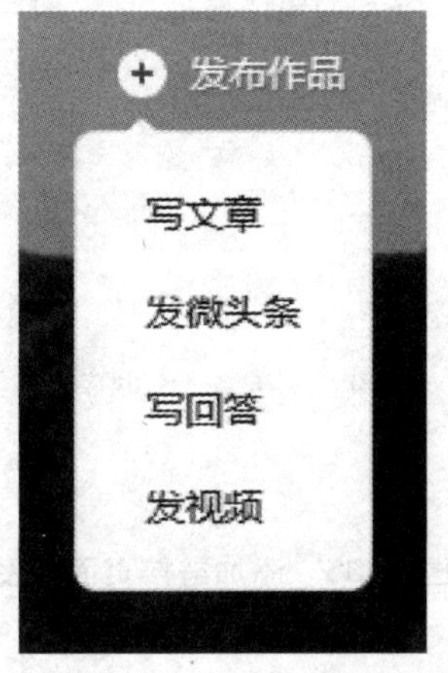

图 7-33　今日头条内容类型

内容风格	叙述
学生内容风格	

步骤 3：图文编辑。

进行图文编辑需要依次在编辑框中输入标题、正文，还可插入图片、文章链接、视频、音频等丰富文章内容，如图 7-34 所示。

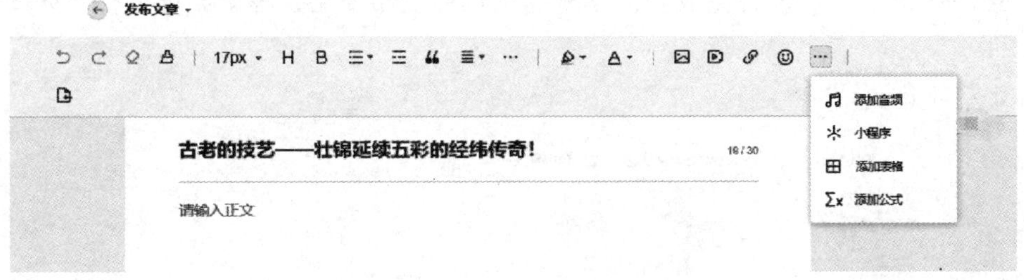

图 7-34　今日头条编辑框页面截图

如果想要推送的文章有链接的话，可以点击编辑框的“添加链接”，如图 7-35 所示。

步骤 4：为文章设置封面。

封面可以设置单图、多图或无封面，如图 7-36 所示。

内部链接　外部链接　我的文章

今日头条平台内部作品链接

* 链接文字　填写链接文字

* 链接地址　填写链接地址

请勿添加与正文无关的链接 使用规范

取消　确定

图 7-35　添加链接页面截图

* 展示封面　单图　三图　无封面

预览

优质的封面有利于推荐，格式支持jpeg、png

图 7-36　今日头条封面设置页面截图

步骤 5：发布文章。

封面图片上传完成后，继续进行设置，可选择设置“投放广告赚收益”“不投放广告”“定时发布”等。设置完成后，点击“预览并发布”后，等待系统审核，如图 7-37 所示。

图 7-37　今日头条投放广告设置页面截图

四、今日头条内容运营

今日头条内容运营可从发布内容规范、标点使用规范、提升阅读量三个步骤展开。

步骤 1：发布内容规范。

在今日头条中，一篇好的文章首先应该是一篇符合今日头条规范的文章，如果作者发布的文章不符合规范要求，则文章不会被系统推荐进而无法提升阅读量。

今日头条发布内容规范，主要体现在格式和内容两个方面。

①格式。文章发布的格式必须遵守以下要求，如图 7-38 所示。

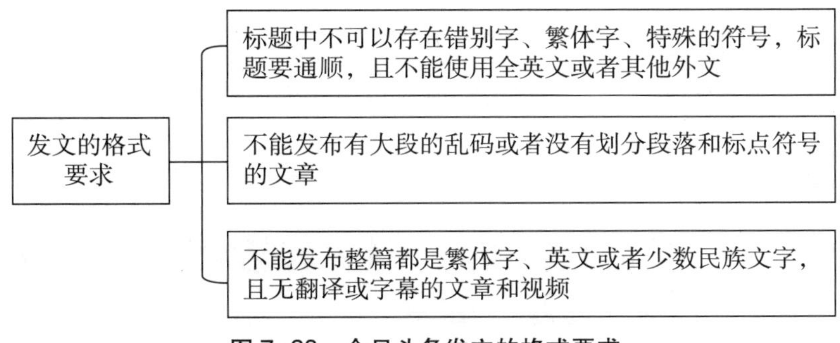

图 7-38　今日头条发文的格式要求

②内容。对于运营内容方面的要求，如图 7-39 所示。

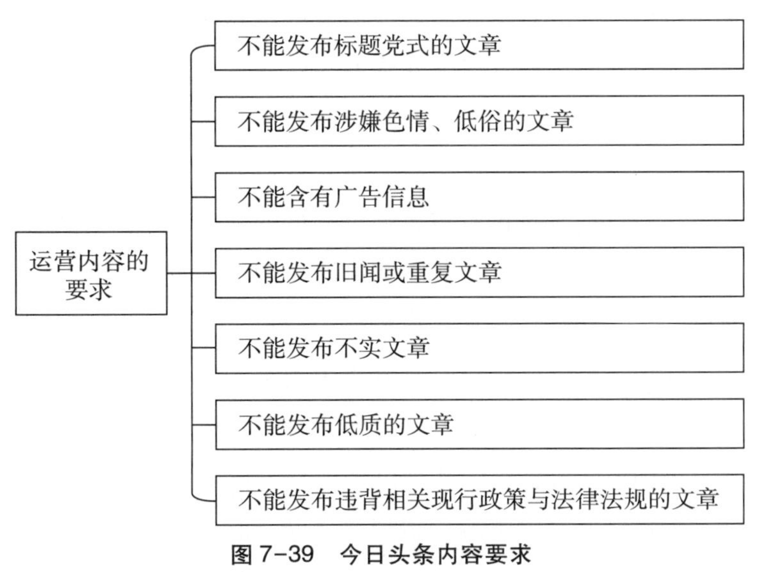

图 7-39　今日头条内容要求

步骤 2：标点使用规范。

优秀内容需要具备精当的用词和规范的标点。为此，今日头条官方出台了《标题中标点符号的使用规范》来规范今日头条作者的标点符号的使用，以提高读者的阅读体验。

步骤 3：提升阅读量。

今日头条采用的是系统推荐制，系统推荐越多，文章的阅读量会相应提高。一般来说，提升系统推荐概率可从以下几方面着手。

①合理的标题。一个好的标题无疑对文章的阅读量起着关键性的作用。标题命名的技巧会随着写作能力的提升而提升，但是对于一般的用户而言，标题的命名需要紧扣内容，尽可能通过标题告诉读者文章的内容，进而吸引用户能够点开文章做进一步的了解，但当不具备优秀标题的命名策略时，可以先模仿优秀标题，如图 7-40 所示。

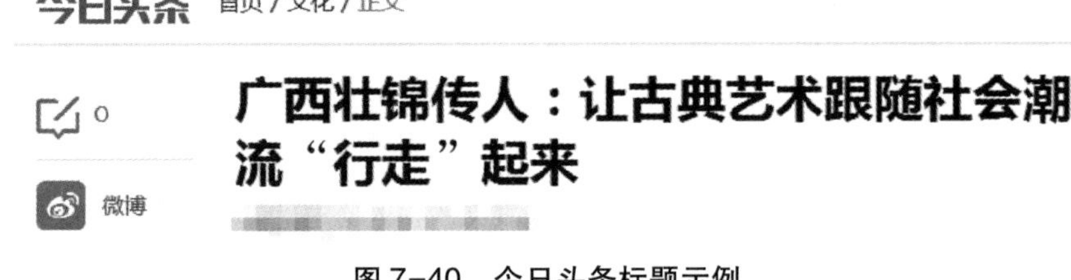

图 7-40　今日头条标题示例

②社交媒体矩阵推广。今日头条的阅读量分为站内阅读量和站外阅读量两种，因此作者除了需要提升站内阅读量外还需要提升站外阅读量，作者可以将文章的链接通过微博、微信、QQ、论坛、百家号等其他媒体途径做进一步推广，从而达到提升阅读量的目的。

③社群。加入一些可以互推的社群，通过社群的力量提升文章阅读量。针对今日头条文章，系统前期推荐阅读的人越多，相应的后期推荐量就会越好。所以文章写完后，可以发送至微信群，让自己的文章被更多人看到。

④定时发送。任何一个资讯平台都有其集中阅读的时间段，因此选择恰当的时间发送文章至关重要。一般来讲，当下人们的阅读时间主要集中在早高峰、午休、晚高峰以及晚上临休息这四个时段，因此作者可以依据自己的文章内容选择最为恰当的时间进行发布，虽然发送时间可以影响文章的关注度，但是往往在一些热点时段发送文章的数量也是巨大的，因此文章的发布者还需要具体依据文章的内容及账号的情况，进行合理的安排。

⑤置顶文章。为了持续增加某篇文章的阅读量，可以将其置顶，从而提升文章长时间维度的阅读量，如图 7-41 所示。

视频发布工具上线公告

图 7-41　今日头条置顶设置示例

任务总结

本小节主要讲解了今日头条账号建立、内容策划、内容编辑以及内容运营，致力于培养学生独立建立账号并运用今日头条进行营销的能力。在学习过程中，学生要在仔细阅读教材的基础上，完成实际操作，并重点掌握内容策划和内容编辑的方法。

任务评价

<table>
<tr><th colspan="6">任务评价表</th></tr>
<tr><td colspan="2">完成方式</td><td colspan="4">□小组协作完成
□个人独立完成</td></tr>
<tr><td colspan="5">评价点</td><td>分值</td></tr>
<tr><td colspan="5">是否最终完成今日头条账号的建立</td><td>10</td></tr>
<tr><td colspan="5">选题是否恰当</td><td>20</td></tr>
<tr><td colspan="5">内容类型选择是否合适</td><td>20</td></tr>
<tr><td colspan="5">今日头条标题撰写是否符合平台规范且有吸引力</td><td>20</td></tr>
<tr><td colspan="5">是否完成今日头条图文编辑</td><td>20</td></tr>
<tr><td colspan="5">发布内容及标点使用是否符合规范</td><td>10</td></tr>
<tr><td colspan="6">总成绩：</td></tr>
<tr><td>自我评价</td><td>（20%）</td><td>小组评价</td><td>（20%）</td><td>教师评价</td><td>（60%）</td></tr>
<tr><td colspan="6">存在的主要问题</td></tr>
<tr><td colspan="6"></td></tr>
</table>

延伸练习

背景交代：

“南方黑芝麻”是广西知名品牌，在我国享有较高的知名度和美誉度，畅销二十多年，备受消费者青睐。小美的网店主要经营南方黑芝麻糊，但因为是新开店铺，关注和下单的用户较少，请协助小美在今日头条平台开展新品营销，引流至其网店。

步骤分解：

①分析产品特性，提炼出可用于营销的关键内容；

②结合百度指数分析产品的用户特征，并进行列表；

③结合产品特性、用户特征策划选题内容，注意与选定的今日头条频道属性相呼应；

④按照今日头条发文规范和要求进行图文编辑；

⑤完成内容的发布。

思政园地

“自媒体”的13条管理规定

2023年7月，中央网信办微信公众号“网信中国”正式发布了《关于加强“自媒体”管理的通知》，里面详细列出了关于自媒体经营的13条规定。这是中央网信办第一次将与自媒体相关的管理措施做完整、集中的展示，是对自媒体产品形态、资质管理、运营规范甚至盈利模式的集成管理和全面覆盖。

①严防假冒仿冒行为。网站平台应当强化注册、拟变更账号信息、动态核验环节账号信息审核，有效防止“自媒体”假冒仿冒行为。对账号信息中含有党政军机关、新闻媒体、行政区划名称或标识的，必须人工审核，发现假冒仿冒的，不得提供相关服务。

②强化资质认证展示。对从事金融、教育、医疗卫生、司法等领域信息内容生产的“自媒体”，网站平台应当进行严格核验，并在账号主页展示其服务资质、职业资格、专业背景等认证材料名称，加注所属领域标签。对未认证资质或资质认证已过期的“自媒体”，网站平台应当暂停提供相应领域信息发布服务。

③规范信息来源标注。“自媒体”在发布涉及国内外时事、公共政策、社会事件等相关信息时，网站平台应当要求其准确标注信息来源，发布时在显著位置展示。使用自行拍摄的图片、视频的，需逐一标注拍摄时间、地点等相关信息。使用技术生成的图片、视频的，需明确标注系技术生成。引用旧闻旧事的，必须明确说明当时事件发生的时间、地点。

④加强信息真实性管理。网站平台应当要求“自媒体”对其发布转载的信息真实性负责。“自媒体”发布信息时，网站平台应当在信息发布页面展示“自媒体”账号名称，不得以匿名用户等代替。“自媒体”发布信息不得无中生有，不得断章取义、歪曲事实，不得以拼凑剪辑、合成伪造等方式，影响信息真实性。

⑤加注虚构内容或争议信息标签。“自媒体”发布含有虚构情节、剧情演绎的内容，网站平台应当要求其以显著方式标记虚构或演绎标签。鼓励网站平台对存在争议的信息标记争议标签，并对相关信息限流。

⑥完善谣言标签功能。涉公共政策、社会民生、重大突发事件等领域谣言，网站平台应当及时标记谣言标签，在特定谣言搜索呈现页面置顶辟谣信息，运用算法推荐方式提高辟谣信息触达率，提升辟谣效果。

⑦规范账号运营行为。网站平台应当严格执行“一人一号、一企两号”账号注册数量规定，严禁个人或企业操纵“自媒体”账号矩阵发布传播违法和不良信息。应当要求“自媒体”依法依规开展账号运营活动，不得集纳负面信息、翻炒旧闻旧事、蹭炒社会热点事件、消费灾难事故，不得以防止失联、提前关注、故留悬念等方式，诱导用户关注其他账号，鼓励引导“自媒体”生产高质量信息内容。网站平台应当加强“自媒体”账号信息核验，防止被依法依约关闭的账号重新注册。

⑧明确营利权限开通条件。“自媒体”申请开通营利权限的，需 3 个月内无违规记录。账号主体变更的，自变更之日起 3 个月内，网站平台应当暂停或不得赋予其营利权限。营利方式包括但不限于广告分成、内容分成、电商带货、直播打赏、文章或短视频赞赏、知识付费、品牌合作等。

⑨限制违规行为获利。网站平台对违规“自媒体”采取禁言措施的，应当同步暂停其营利权限，时长为禁言期限的 2~3 倍。对打造低俗人设、违背公序良俗网红形象，多账号联动蹭炒社会热点事件进行恶意营销等的“自媒体”，网站平台应当取消或不得赋予其营利权限。网站平台应当定期向网信部门报备限制违规“自媒体”营利权限的有关情况。

⑩完善粉丝数量管理措施。“自媒体”因违规行为增加的粉丝数量，网站平台应当

及时核实并予以清除。禁言期间“自媒体”不得新增粉丝，历史发文不得在网站平台推荐、榜单等重点环节呈现。对频繁蹭炒社会热点事件博取关注的“自媒体”，永久禁止新增粉丝，情节严重的，清空全量粉丝。网站平台不得提供粉丝数量转移服务。

⑪加大对“自媒体”所属MCN机构管理力度。网站平台应当健全MCN机构管理制度，对MCN机构及其签约账号实行集中统一管理。在“自媒体”账号主页，以显著方式展示该账号所属MCN机构名称。对于利用签约账号联动炒作、多次出现违规行为的MCN机构，网站平台应当采取暂停营利权限、限制提供服务、入驻清退等处置措施。

⑫严格违规行为处置。网站平台应当及时发现并严格处置“自媒体”违规行为。对制作发布谣言，蹭炒社会热点事件或矩阵式发布传播违法和不良信息造成恶劣影响的“自媒体”，一律予以关闭，纳入平台黑名单账号数据库并上报网信部门。对转发谣言的“自媒体”，应当采取取消互动功能、清理粉丝、取消营利权限、禁言、关闭等处置措施。对未通过资质认证从事金融、教育、医疗卫生、司法等领域信息发布的“自媒体”，应当采取取消互动功能、禁言、关闭等处置措施。

⑬强化典型案例处置曝光。网站平台应当加强违规“自媒体”处置和曝光力度，开设警示教育专栏，定期发布违规“自媒体”典型案例，警示“自媒体”做好自我管理。

项目八　新媒体舆情管理

学习目标

[知识目标]

1. 了解新媒体舆情的概念；
2. 了解新媒体舆情的特点；
3. 理解新媒体舆情分析策略。

[能力目标]

1. 掌握新媒体舆情分析方法；
2. 能根据要求撰写新媒体舆情报告；
3. 掌握新媒体舆情监控与管理。

[素养目标]

1. 培养学生的舆情管理思维；
2. 培养学生的互联网敏感度。

案例导入

在 2023 年年初，某知名电商平台被曝出售假冒伪劣商品，引发了广泛关注。面对舆论的压力，该电商平台迅速展开调查，对涉事商家进行严惩，并加大对商品质量的把关力度。最终，该平台通过积极回应舆论且整改措施得力，成功化解了危机，挽回了消费者的信任。

任务一　新媒体舆情概述

任务前导

新媒体极大地促进了人类社会的传播与互动，带给人们传递信息的自由与便捷。但无规矩不成方圆，新媒体信息呈现多样性特点，需要有必要的监管手段对其进行约束与规范，新媒体舆情管理应运而生。那么，什么是新媒体舆情？它具有怎样的特点？本任务中，我们将以广西特产——螺蛳粉为例，如图 8-1 所示，展开对新媒体舆情管理的讲解。

图 8-1　广西特产——螺蛳粉

任务实施

新媒体舆情区别于传统意义上的舆情，具有新时代的特点。那么，什么是新媒体舆情？它具有怎样的特点？接下来，通过以下步骤展开对新媒体舆情概念与特点的阐述。

步骤 1：通过网上查找的方式，了解什么是新媒体舆情（操作时，可在网页输入框输入“新媒体舆情”“舆情”“什么是新媒体舆情”等关键词）。学生以小组形式（建议每小组成员为 4 人）归纳新媒体舆情的概念，并完成下列表格的填写。

新媒体舆情的概念

步骤 2：明确新媒体舆情的特点。

新媒体舆情是大众借助新媒体平台进行舆论发声所产生的网络传播效果。区别于传统舆情，新媒体舆情具有传播迅速的特点，因为新媒体舆情可以借助微信、微博、今日头条等多个平台，迅速进行舆论的传递与发酵，形成舆论趋势。除了传播迅速的特点外，还具有以下特点。

①传播主体多元化；

②传播节点碎片化；

③传播范围广泛化；

④传播结果扩大化；

⑤传播内容海量化；

⑥传播信息更具混淆性；

⑦传播更具及时性。

步骤 3：了解新媒体舆情分析的意义。

学生通过了解“天价寻狗启事”事件始末，思考并了解新媒体舆情分析的意义。

2023 年 7 月 9 日，一张“寻狗启事”成为网络关注的热点。与普通寻狗启事不同，这次“悬赏金额”堪称天价：狗主人称提供重要线索者奖励 200 万元人民币，找到并平安归还者奖励 1000 万元人民币。一时之间，舆论哗然。网友纷纷猜测，这条狗有什么不同寻常的经历，狗主人是否有什么显赫的身世背景。

舆论的强烈关注之下，此事迅速出现反转：这件事是个彻头彻尾的骗局。7 月 11 日，郑州市公安局郑东新区分局发布警情通报：系有人杜撰，已行政拘留。警方查明，某传媒有限公司法人杨某冰为吸引关注，编造了“悬赏 1000 万元人民币寻狗”的虚假信息，在引起网络广泛关注之后，杨某冰继续发布“狗已在警方协助下找到”等不实信息，试图以此“降温”，没想到引发舆情反弹。

尽管闹剧已落幕，“吃瓜网友”也可一笑置之，但其对舆论生态的干扰和破坏却不容忽视。近年来，不少“自媒体”从业者为了追求流量毫无底线，“开局一张图，内容全靠编”，常常无中生有。类似子虚乌有的消息、谣言，不仅消耗了难以估量的社会注意力，也容易挑起群体对立、撕裂社会信任基础，激发公众不安、焦虑等负面情绪，造成不良的社会影响。

此次“天价寻狗”事件，也再次印证整治“自媒体”乱象势在必行。不可否认，在移动互联网时代，“人人都有麦克风”。“自媒体”的蓬勃发展顺应了时代潮流，减少了信息鸿沟，降低了行业门槛，成为舆论传播格局中的重要组成部分，也为从业者提供了展现自我的广阔平台。但是，网络有道义，言论有边界。突飞猛进的“自媒体”，绝不能是放任自流的地方，严格遵守传播伦理和法律法规应是基本底线。

舆情分析可以有效遏制虚假营销、恶意炒作等不良现象，还社会一个干净、有序的环境。对于企业而言，舆情分析已经成为企业了解社情民意、把握舆情动向、对突发事件做出快速响应和处理的不可或缺的手段。

任务总结

本小节需要学生了解什么是新媒体舆情以及新媒体舆情的特点。在具体学习时，需要学生进行分组操作，通过网上信息收集的方式，掌握相应概念与内容。

任务评价

<table>
<tr><th colspan="6">任务评价表</th></tr>
<tr><td colspan="2">完成方式</td><td colspan="4">□小组协作完成
□个人独立完成</td></tr>
<tr><td colspan="5">评价点</td><td>分值</td></tr>
<tr><td colspan="5">对舆情概念的总结是否准确（意思表述准确即可）</td><td>35</td></tr>
<tr><td colspan="5">对舆情特点的罗列是否准确</td><td>45</td></tr>
<tr><td colspan="5">是否领悟了舆情分析的意义</td><td>20</td></tr>
<tr><td colspan="6">总成绩：</td></tr>
<tr><td>自我
评价</td><td>（20%）</td><td>小组
评价</td><td>（20%）</td><td>教师
评价</td><td>（60%）</td></tr>
<tr><td colspan="6">存在的主要问题</td></tr>
<tr><td colspan="6"></td></tr>
</table>

任务二　新媒体舆情分析

任务前导

新媒体舆情分析，是针对企业或品牌（产品）在各种网络上的新媒体言论、报道等信息进行采集、归类、整合和管理，形成新媒体舆情分析报告的过程。在进行新媒体舆情分析及报告撰写之前，需要首先明确新媒体舆情分析的策略与方法，用于指导舆情报告的撰写。

任务实施

新媒体舆情分析可以从三个方面展开操作：新媒体舆情分析策略、新媒体舆情分析步骤及新媒体舆情报告撰写。

一、新媒体舆情分析策略

需要通过阅读和学习以下文段，明确新媒体舆情的分析策略，并将学习感想进行汇总后填写在该知识点末尾的表格中。

策略 1：针对不同需求采用不同的分析架构。

舆情分析需求不同，所需采用的舆情分析架构则不同。

一般来说，舆情分析需求分为舆论宣传效果评估分析和新媒体舆情传播分析。

新媒体舆情传播分析需要侧重于对其新媒体传播情况、舆情热度情况、媒体好感度情况、用户显著情绪情况等要素进行分析。学生无论是收集舆情数据，还是撰写舆情报告，都需要将这几方面囊括在内。

策略 2：抓取舆情分析的基本要素。

舆情分析的对象千差万别，但在进行舆情分析时，需要包含的基本要素有三点：数据、图表、总结，如图 8-2 所示。这三个部分都是为了更准确地分析新媒体舆情。在进行新媒体舆情分析报告撰写时，三个基本要素缺一不可。

图 8-2　抓取舆情分析的基本要素

策略 3：进行分析研判与总结。

舆情分析研判是对舆情事件或舆情产品从开始形成到发酵再到平息整个过程的研判与总结。包括对热度、媒体、用户等方面的总结与分析。舆情研判与总结是整个舆情分析与舆情分析报告的提炼与升华。

二、新媒体舆情分析步骤

此处要求学生通过阅读以下内容，了解新媒体舆情分析的步骤，便于撰写新媒体舆情报告，如图 8-3 所示。

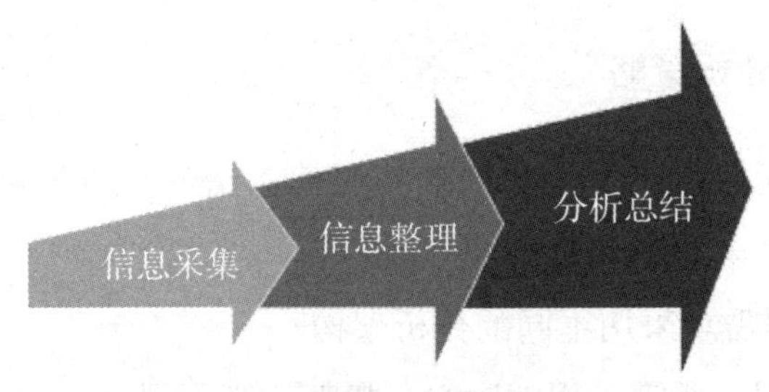

图 8-3　新媒体舆情分析步骤

步骤 1：信息采集。

首先需要进行信息采集，通过网络上的信息收集渠道，如新浪微热点，采集与分析对象（企业、品牌、产品）相关的舆情信息。在采集信息时，可以采用搜索关键词的方法。

步骤 2：信息（数据）整理。

在信息采集完成后，需要进行信息整理，可以将其整理为分析报告的形式，对各类情形进行归类整理，如舆情概述、舆情热度概况、媒体好感度、用户显著情绪等。

步骤 3：分析总结。

在进行分析总结时，需要及时对网络出现的负面信息进行深入分析，比对核实相关情况，评估负面信息的性质、影响及发展趋势。

三、新媒体舆情报告撰写

现以“脚踩螺蛳粉酸豆角”为例讲述新媒体舆情报告撰写步骤。

某日，有网友在社交媒体发出两张照片，照片中有人用脚踩的方式腌制酸豆角，并配以“螺蛳粉爱好者震怒！呕！”的文案。虽然原博主很快表示所发图片未经考证，并在之后删除相关博文，但是帖子发布后迅速在各大平台传播并发酵，短短半天时间，“螺蛳粉酸豆角”已经登上微博热搜榜第一。

步骤 1：制作舆情报告封面。

舆情报告封面，是舆情报告给人的第一印象，一般包括题目、企业/网店名/产品名称以及 LOGO 标识。学生利用 PPT 或 Word 软件自行制作舆情报告封面。

步骤 2：撰写舆情概述。

应以单独舆情事件为主，简单交代事件背景、描述舆情发展动态、提出相应建议等。学生在 Word 中进行舆情概述的描写。

步骤 3：归纳舆情热度概况。

学生在 Word 中进行舆情发展动态的描写时，要侧重三个方面的内容：事件/产品某一时间段的热度情况、媒体来源、活跃媒体，如图 8-4 和图 8-5 所示。

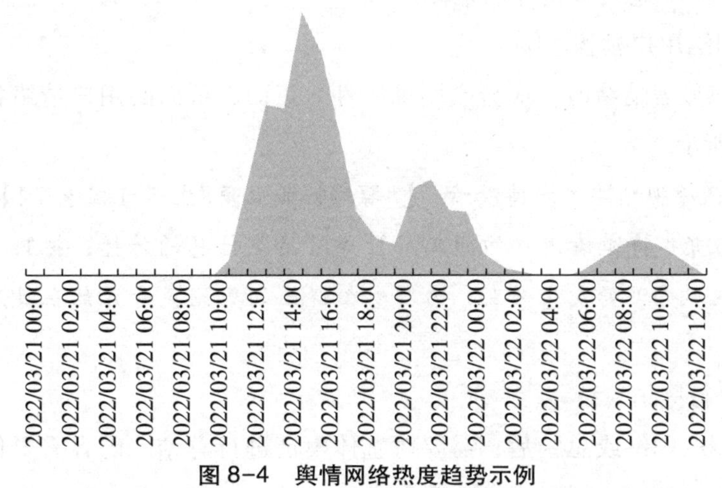

图 8-4　舆情网络热度趋势示例

从传播趋势来看，2022 年 3 月 21 日 12 时前后，有关脚踩酸豆角的相关信息开始在网络上大范围传播。网易新闻、今日头条、小红书等自媒体平台中有少量传播，另外在社交网络中，从参与传播的重点博主来看，主要为草根博主。传播内容多为与脚踩酸豆角相关的博文及图片，并发表个人评论观点。在脚踩酸豆角事件后，关于食品卫生安全问题尤其成为舆论重点关注话题，此时脚踩酸豆角的配图以及直指螺蛳粉的文案显然直接冲击公众底线，而柳州螺蛳粉这一当地知名产业也迅速成为众矢之的，虽然其中少部分网友对脚踩酸豆角直指螺蛳粉表示质疑及未明真相前就发布相关信息表示谴责，但此时这种声音占比较小。

图 8-5　舆情热度重点博主示例

步骤 4：归纳媒体好感度。

在进行媒体好感度归纳时，应侧重三个方面：媒体好感度是多少、媒体好感度的来源是什么、媒体好感度差的原因是什么。

步骤 5：归纳用户显著情绪。

在归纳用户显著情绪时，应分别明确中性、正面、负面的用户情绪各自占比是多少，如图 8-6 所示。

15 时前后，原视频博主发博澄清，【#螺蛳粉酸豆角#生产过程来了！】【#螺霸王否认使用脚踩酸豆角# 将邀请用户访问工厂】等澄清类信息的传播，把脚踩酸豆角事件推向高潮，舆论风向开始发生转变，为螺蛳粉辟谣的舆论声音开始在社交平台中广泛扩散。

步骤 6：进行舆情总结。

在完成数据的归纳或总结后，需要对整体舆情进行总结。内容需要包含舆情对企业或品牌的影响、如何进行舆情应对等内容。

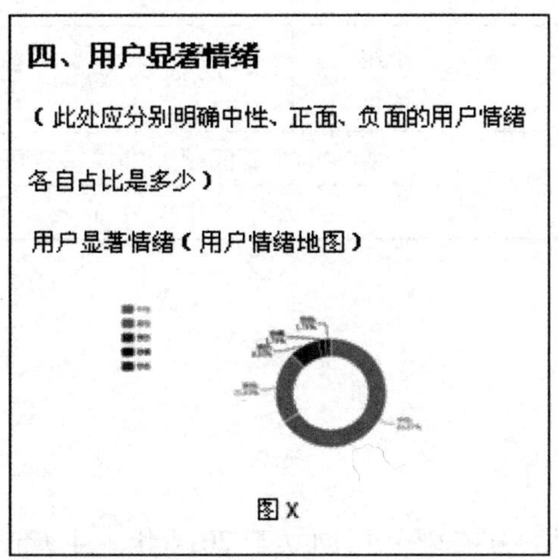
四、用户显著情绪

（此处应分别明确中性、正面、负面的用户情绪各自占比是多少）

用户显著情绪（用户情绪地图）

图 X

图 8-6　“用户显著情绪”格式样例

任务总结

本小节主要讲解新媒体舆情分析的内容，要求学生重点掌握新媒体舆情报告的撰写方法。在撰写新媒体舆情报告之前，明确新媒体舆情分析的策略与分析方法。

任务评价

<table>
<tr><th colspan="3">任务评价表</th></tr>
<tr><td>完成方式</td><td colspan="2">□小组协作完成
□个人独立完成</td></tr>
<tr><td colspan="2">评价点</td><td>分值</td></tr>
<tr><td colspan="2">能否完成新媒体舆情报告封面的制作</td><td>20</td></tr>
<tr><td colspan="2">能否完成舆情概述的撰写</td><td>20</td></tr>
<tr><td colspan="2">能否完成舆情热度概况的归纳</td><td>20</td></tr>
<tr><td colspan="2">能否完成媒体好感度的归纳</td><td>10</td></tr>
<tr><td colspan="2">能否完成用户显著情绪的归纳</td><td>10</td></tr>
<tr><td colspan="2">舆情总结是否到位</td><td>20</td></tr>
<tr><td colspan="3">总成绩：</td></tr>
</table>

续 表

自我评价	（20%）	小组评价	（20%）	教师评价	（60%）
存在的主要问题					

延伸练习

背景交代：

贵港市东方传奇食品科技有限公司创立于2014年，主营产品为“自然之诺——自然活酒”品牌。该品牌经过23年的研究，在“自然之诺”品牌微生物原浆活饮的基础上取得了突破性进展，创立了“微生物樊氏法”。学生根据本节所学知识，完成“自然之诺——自然活酒”的新媒体舆情分析。

步骤分解：

①确定“自然之诺——自然活酒”的新媒体舆情分析策略；

②采集“自然之诺——自然活酒”的舆情数据；

③分析总结“自然之诺——自然活酒”的舆情情况；

④根据分析结果撰写“自然之诺——自然活酒”的舆情报告。

任务三　新媒体舆情监控与管理

任务前导

新媒体舆情监控与管理是新媒体舆情管理的重中之重，做好舆情的监控与管理，能随时关注到企业或品牌（产品）的舆情走势，便于及时采取应对措施，引导舆情走向利于企业发展的方向。

任务实施

一、新媒体舆情监控

以螺蛳粉为例，舆情监控可以通过以下步骤实现。

步骤 1：设置关键词组合。

设置关键词是舆情监控的重要环节。因为后期需要根据这些关键词进行重点监控，在筛选关键词后，会获得与关键词相关的内容。如螺蛳粉的关键词，可以选择“柳州螺蛳粉”“网红螺蛳粉”“螺蛳粉”等。

步骤 2：登录“新浪微热点”（https：//www. wrd. cn/login. shtml）进行内容抓取，如图 8-7 所示。

图 8-7　新浪微热点首页截图

登录平台后，进行内容抓取的主要步骤包括以下 3 步。

步骤 2.1：在输入栏输入关键词，这里以关键词“螺蛳粉”为例，输入后点击“搜索”，如图 8-8 所示。

图 8-8 “搜索”页面截图

步骤 2.2：监控热度概况，如图 8-9 所示。热度概况是某一时间段关键词的热度情况。

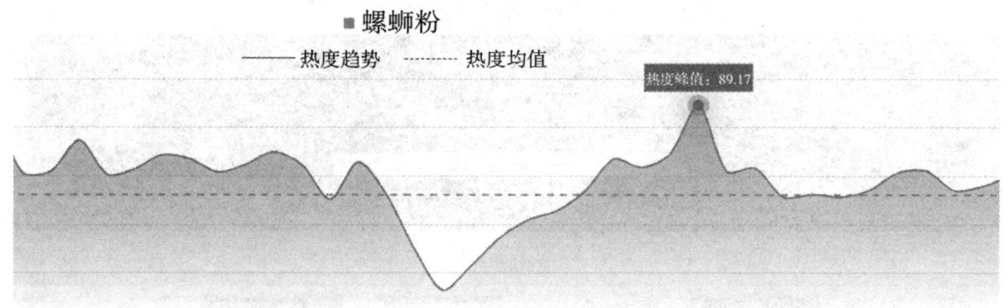

图 8-9 螺蛳粉热度概况示例

步骤 2.3：查看用户显著情绪。点击上方导航栏中的“微博情绪”图标，如图 8-10 所示。

点击后，可以查看到关键词“螺蛳粉”的用户情绪以积极为主，如图 8-11 所示。

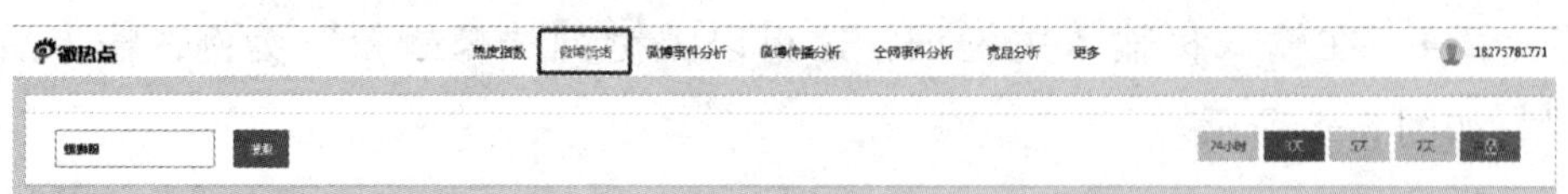

图 8-10 “微博情绪”页面截图

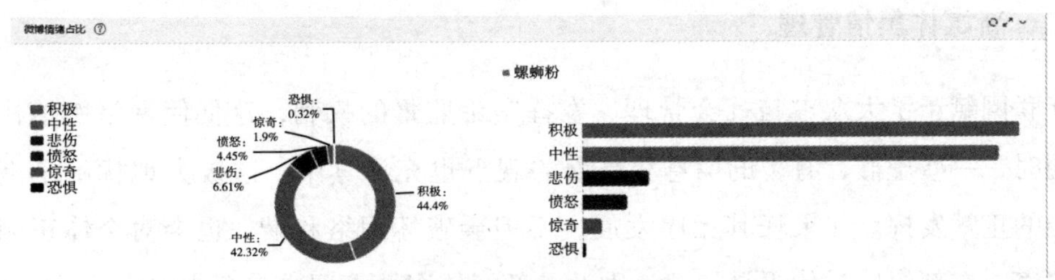

图 8-11　用户情绪地图示例

步骤 3：对抓取到的舆情情况进行整理。

接下来，还需要分别对其他关键词进行监控，如螺蛳粉对应的“柳州螺蛳粉”“网红螺蛳粉”等，并将监控结果进行整理和归纳，完成下表的填写。

新媒体舆情监控	
关键词“柳州螺蛳粉”监控结果	
关键词“网红螺蛳粉”监控结果	
……	

至此，完成了新媒体舆情的监控，当舆情反常时，需要及时应对，在最短的时间内有效解决舆情。

二、新媒体舆情管理

互联网赋予了大众参与社会管理、发挥舆论监督的权利，这促使网络舆情快速发展。同时，一些虚假、有害的信息和错误的观点也充斥其中。这极大地扰乱了网络舆论功能的正常发挥。如果任其无序发展，不但会破坏网络和谐，也会对个体正当利益造成损害，在新媒体时代更是如此。因此，新媒体舆情管理成为企业的日常需要。

企业或个人在做新媒体舆情管理时，需要着手以下两个方面的操作。

①建立及时、全面、准确的新媒体舆情报告制度，将网上所反映的与企业相关的热点事件、社会问题、网民情绪快速报给企业领导。

②根据企业领导批示的意见进行新媒体舆情处理。在处理舆情时，要反映及时，并且向公众树立信息透明、处置公平的形象。

任务总结

本小节主要讲解新媒体舆情监控与管理，学习重点是新媒体舆情监控。学生在具体操作时，要详细查看产品舆情的各个方面并形成书面报告，以便更好地掌握舆情来源，用于后续舆情处理。

任务评价

<table>
<tr><td colspan="6">任务评价表</td></tr>
<tr><td colspan="2">完成方式</td><td colspan="4">□小组协作完成
□个人独立完成</td></tr>
<tr><td colspan="5">评价点</td><td>分值</td></tr>
<tr><td colspan="5">关键词设置是否准确（至少设置 3 个关键词）</td><td>20</td></tr>
<tr><td colspan="5">是否完成热度概况监控</td><td>20</td></tr>
<tr><td colspan="5">用户显著情绪监控是否到位</td><td>30</td></tr>
<tr><td colspan="5">对抓取到的舆情整理是否到位（包含所列的所有关键词）</td><td>30</td></tr>
<tr><td colspan="6">总成绩：</td></tr>
<tr><td>自我
评价</td><td>（20%）</td><td>小组
评价</td><td>（20%）</td><td>教师
评价</td><td>（60%）</td></tr>
</table>

续　表

存在的主要问题

延伸练习

背景交代：

广西六堡茶是广西十珍品牌系列产品之一，近年来虽然深受用户喜爱，但是从未进行过舆情分析，请学生根据本节所学知识，监督广西六堡茶的舆情，对其进行管理。

步骤分解：

①设置广西六堡茶舆情监控的关键词；

②进入“新浪微热点”，用关键词抓取广西六堡茶的舆情数据；

③整理抓取到的广西六堡茶的舆情；

④建立广西六堡茶的新媒体舆情报告制度。

思政园地

健全网络综合治理体系，推动形成良好网络生态

习近平总书记在党的二十大报告中指出，要坚持马克思主义在意识形态领域指导地位的根本制度，建设具有强大凝聚力和引领力的社会主义意识形态，巩固全党全国各族人民团结奋斗的共同思想基础。意识形态关乎旗帜、关乎道路、关乎国家政治安全，决定着中华民族伟大复兴的精神力量，在全面建设社会主义现代化国家新征程上，必须牢牢掌握党对意识形态工作领导权，扎扎实实做好意识形态工作。

在互联网无处不在、社会信息化快速发展的时代条件下，网络既是人们生产生活的重要空间，也是党和政府服务群众、了解民意、治理社会的重要平台。习近平总书记指出：“宣传思想工作是做人的工作的，人在哪儿重点就应该在哪儿。”互联网是当前宣传思想工作的主阵地。文化思想阵地我们不去占领，敌人就会占领。要把网上舆论工作作为宣传思想工作的重中之重来抓，把网络意识形态工作的主导权和网络舆论战场上的主动权牢牢掌握在自己手中。习近平总书记反复强调：“过不了互联网这一关，

就过不了长期执政这一关。”网络已是当前意识形态斗争的最前沿，掌控网络意识形态主导权，就是守护国家的主权和政权。各级党委和党员干部要把维护网络意识形态安全作为守土尽责的重要使命，充分发挥制度体制优势，坚持管用防并举，方方面面齐动手，坚决打赢网络意识形态斗争。

管好用好互联网，是新时代建设具有强大凝聚力和引领力的社会主义意识形态的基础性工程，既要解决好谁来管、怎么管的问题，也要解决谁来用、怎么用的问题。对此，习近平总书记提出明确要求：“我们要本着对社会负责、对人民负责的态度，依法加强网络空间治理，加强网络内容建设，做强网上正面宣传，培育积极健康、向上向善的网络文化，用社会主义核心价值观和人类优秀文明成果滋养人心、滋养社会，做到正能量充沛、主旋律高昂，为广大网民特别是青少年营造一个风清气正的网络空间。”同时，“要持续巩固壮大主流舆论强势，加大舆论引导力度，加快建立网络综合治理体系，推进依法治网。”良好的网络生态，不仅使网络空间成为亿万民众共同的精神家园，而且使互联网这个最大变量变成党和人民事业发展的最大增量。善于管好用好互联网，是新形势下领导干部做好意识形态工作的基本功，各级干部特别是领导干部必须不断增强这方面的本领和能力。

习近平总书记指出：“理论自觉、文化自信，是一个民族进步的力量；价值先进、思想解放，是一个社会活力的来源。”在全面建设社会主义现代化国家新征程上，建设具有强大凝聚力和引领力的社会主义意识形态，使全体人民在理想信念、价值理念、道德观念上紧紧团结在一起，就能凝聚起以中国式现代化全面推进中华民族伟大复兴的磅礴力量。

参考文献

［1］杜一凡．新媒体营销完全攻略［M］．北京：人民邮电出版社，2017.

［2］周鑫．人性传播+新媒体营销，让你的产品迅速卖脱销［M］．北京：电子工业出版社，2016.

［3］龚铂洋．引爆新媒体营销［M］．北京：电子工业出版社，2016.

［4］刘琛．中国式内容营销：新媒体时代的新营销思维［M］．北京：电子工业出版社，2018.

［5］彭雷清．内容营销：新媒体时代如何提升用户转化率［M］．北京：中国经济出版社，2018.